나는
안면도
별빛지기

편영의 수필집

나는 안면도 별빛지기

편영의 지음

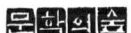

|책을 내며|

바다의 품에서
푸른 별빛지기가 되어

바다는

바다는 넘쳤다가 사라진 뒤
조약돌 아래로 모래만 남기고…….
고요하고 진한 그리움을 따라
먼 길을 홀로 걷게 한다
피안을 향한 영원한 몸짓으로
외로운 바다는 떠나간 누나의 모습을 하고
나의 내부에 돌아와 출렁인다.

바쁘게 살다가 어느 순간 놓쳐 버린 세월이 팔순을 안겨 주었다. 늦게서야 문단에 발을 딛고, 그동안 쓴 글을 다듬어가며 문학 소년처럼 열정을 쏟았다. 독자를 만나기 위해 준비하면서 독자들이 부족한 부분을 감싸줄 것이란 생각까지 서슴없이 해 본다.

사랑이란 공감하고 발견하는 것

나는 옛이야기인 양 나란히 빨갛고 노오란
노을이 피어오르는 철로 위를 걸었다
꿈꾸는 듯 평원이 보이는 숲속에서
나는 자리를 깔고 전설을 되새겼다
봄이 흘러가는 무거운 밤, 솔잎을 만지작거리며
알지 못하는 공허한 광야의 소리를 들었다
어둠이 깔린 하늘에 금빛 별들이 반짝이면
나는 얼굴에 아라베스크를 그렸다.

세상은 우둔한 가운데서 급속도로 발전한다. 우주 시대의 속도에서 나는 바보가 되어가는 느낌이다. 제한된 인생이라는 시간에 배워야 할 것과 익혀야 할 일이 너무 벅차게 엄습해 오기 때문이라고 해명을 해 본다.

이 책을 내면서 자신이 없다. 다만 하고자 하는 의욕이 허물을 가려 작은 표본으로 내놓을 따름이며 앞으로도 더욱 독자 제위를 위하여 전념하겠노라는 약속으로 살려고 한다. 야망은 영원한 것, 마음으로 풍선을 띄울 때면 하늘이 정말 티 없이 맑다. 그곳에 온갖 사랑이 넘쳐 교차하고 있다.

천안 복자여자중고등학교와 대전 성모여자고등학교 동문회는 나의 허물을 감싸주면서 끊임없이 격려를 보내준다. 내가 별빛지기가 되고 문인의 꿈을 키울 수 있게 된 것은 이분들의 든든한 사랑의 후원 덕분이다. 또한, 나를 늘 도와주는 친구 ㈜고암개발의 최종만 친구에게도 고맙다. 그리고 내 삶의 든든한 보석, 가족의 응원이 큰 힘이 되고 있다. 내가 복이 많다는 의미기도 하다.

아직도 설익은 냄새가 가시지 않은 글들이다. 그러나 애정과 관심으로 그럴듯하게 책으로 엮어주실 한국산림문학회를 믿는다. 김선길 이사장님, 이서연 부이사장님 그리고 권대근 문학평론가님의 적극적인 배려로 처녀 작품집이 나오게 되어 진심으로 감사드린다.

끝으로 자나 깨나 떠오르는 선산에 잠들어 계신 부모님 영전에 삼가 이 책을 바친다.

2025년 8월 안면도 바닷가에서
별빛지기 해원海遠 편영의

차례

책을 내며

제1부
다시 안면도에 오다

바다는 조용하다 • 14

허름한 저녁을 먹다 • 18

꽃으로 글을 쓴다는 건 • 22

눈물 냄새 • 26

그날, 서녘바다 • 29

바다, 연인의 언어들은 • 33

바다와 경이와 나와 • 37

바다에 보내는 바보의 변 • 39

바다에 그리는 그림 • 42

그대의 바다 • 46

누가 바다의 사나이냐 • 51

다시 안면도에 오다 • 55

심술쟁이 할멈 • 58

제2부
계절의 서정

첫눈 만큼은 • 62

눈 오는 날의 사색 • 66

겨울의 서정 • 69

또 한 번 함박눈이 내리면 • 72

산으로 간 여인 • 74

나의 꽃, 영춘화 • 77

흙 • 80

가을과 나 • 83

가을에 • 86

단풍나무 아래에서 • 89

낙엽에 마음을 적어 보다 • 92

추석날 묘지에서 • 95

제3부
바보의 푸념

발견 • 102

영원한 문門 • 105

사랑을 알았을 때 • 108

소녀 • 112

'난蘭'이에게 • 115

마지막 '희'와의 추억 • 118

바보의 푸념 • 122

바다에서 바보 찾기 • 125

분노한 바다 • 128

나의 꽃, 어린 천사들 • 131

살고 싶은 꿈 • 135

성숙해지기 • 138

나를 기쁘게 하는 것과 슬프게 하는 것들 • 141

제4부
추억, 세월의 은총

송추에서 · 144
성장의 의미1 · 149
성장의 의미2 · 154
기다림 · 158
내가 작게 느껴지는 날 · 161
철길 · 165
집 · 169
당신의 마음 · 172
아름답다는 것 · 176
청초한 은사님께 올리는 편지 · 178
간호사의 노래 · 180
잊을 수 없을 겁니다 · 183
돼지의 탈출사건 · 187

제5부
인생열차

나의 하루 • 196

만소滿笑 · 소희笑喜 • 200

책 읽기 사랑법 • 203

빗속에 대리석을 세워라 • 206

부평초 • 210

가요곡歌謠曲 • 213

마이 웨이 • 218

공적公敵 • 222

청평으로 • 225

아물지 않은 전흔戰痕 • 229

삶의 질에 대한 답 • 233

10년 후, 나 • 236

특별한 표창장 • 240

인생열차 • 244

|작품해설| **홍성암** 편영의 작가의 수필세계 • 248
이서연 소설적 서술·시적 문체에서 헤르만 헤세를 만나다 • 253

제1부

다시 안면도에 오다

바다는 조용하다
허름한 저녁을 먹다
꽃으로 글을 쓴다는 건
눈물 냄새
그날, 서녘바다
바다, 연인의 언어들은
바다와 경이와 나와
바다에 보내는 바보의 변
바다에 그리는 그림
그대의 바다
누가 바다의 사나이냐
다시 안면도에 오다
심술쟁이 할멈

바다는 조용하다

바다는 조용하다. 헛소문처럼 장맛비가 양철지붕을 후려 때리다 지나가면 무성한 잔물결에 부서져 연변 가까이 떼를 지어 날아오르는 새 떼들이 한층 자유로워 보인다. 어느새 비 걷히자 그을음 같은 안개가 비켜 간다. 산그늘에는 채 씻기다 만 모래 언덕에 갈참나무 웅덩이가 있다. 이따금 꽃게를 싣고 흥에 겨워 지나가는 통통배 원동기 소리가 기분 좋게 들린다. 바람 한 점이 적송赤松에 걸린 그넷줄에 와서 힘자랑을 하고 있다. 백 년이 넘은 적송들이니 이 노송老松들이 없으면 무슨 재미로 이 모래 언덕에 오르랴!

쥐불에 그을린 들판은 거뭇거뭇하다. 타버린 곳들이 온통 옛날에 아버지가 집에서 깎아주던 내 머리처럼 군데군데 분지가 생겼다. 학교에 가면 아이들이 놀려댔지만 그래도 나는 아버지가 정성껏 부엌 가위로 깎아준 것이 고마워서 마냥 행복했다. 메마른 땅에 거름을 얻으려고, 병든 몸이 병을 고치려고, 병충해를 없애려고 놓은 쥐불의 흔적이 77번 지방 국도 옆에 분지처럼 남아있다. 사계절을 가진 금수강산 아름다운 우리나라에 봄이 온다고 제가끔 사려 깊은 나무들이 막 피어오르는 물빛에 젖고 있다.

봄풀인 듯 파릇파릇한 소녀가 무거운 가방을 메고 들길을 걸어가고 있다. 그 뒤를 물색없는 후생後生으로 따르는 저 만취한 아지랑이가 눈시린 세월을 흔들어대고 있다. 그것은 내 갈 길을 지우는 생각이나 건너가는 내 기억을 잡고 싶은 것일 테지! 눅눅히 젖어 흐르는 내 바다도 거기에서 푸른빛을 얻었을 것이다. 그러나 오늘 바다를 보니 한 짐 법전法典을 짊어지고 산속에 들었다가 영영 되돌아오지 못한 옛 친구 원형이 생각이 난다. 그리고 누군가를 지독히 사모하여 그것이 독이 되어 삼 년만 절 음식을 먹고 나온다더니 끝끝내 비구니가 되고, 지금은 암자를 지어서 원형의 영혼을 안치하고 함께 사는 한상이도 생각이 난다. 두 사람은 대학 시절 단짝 친구들이었다. 이 아름다운 바다를 보고 있자니 왠지 내가 죄인인 것만 같다. 그들에게 이 아름다운 고향 바다를 자랑스럽게 보여준 적이 없기 때문이다.

그들이 읽으려 했던 책 속의 길이 어떤 깨우침으로도, 단 한 줄의 글로도 세상 이정里程 위에 겹치면서 진척은 없으나 나는 그들이 산속에서 길을 잃었다고는 생각하지 않는다. 자신의 계곡이 깊어질 대로 깊어진 뒤에는 초입에 놓인 길마저 제 그늘로 덮어버리고 만다. 웅숭그려 엎드리는 산세, 헛된 욕망의 주석柱石으로 나도 내 글이 덕지덕지 얼룩이 되어 그 길을 난마로 헝클어 놓을까 두렵다.

꿈이 흔적을 남기겠는가, 허덕이며 살아온 지난날이 하나의 자국으로 남겠는가.

병이 깊어지고, 약이 몸을 다스리지 못해 풍경을 허전한 책장처럼 넘겨다보는 지금, 신열辛烈에 들뜬 세월을 끌고 여기까지 달려왔음이 보인다. 어느 퀭한 생애 속 펑 뚫린 산 위에 올라 캄캄한 미로를 더듬어 가다가 나도 어디쯤에서 돌아나갈 입구를 지워버린 채 목 놓고 싶은 마음같은 것이다. 이렇게 온몸으로 아파져 오는 것일까?

소나무 사이로 오르는 소로가 있다. 솔직히 이 나이가 되면 어떤 길도 그저 그렇게 심드렁해 보인다. 벗어놓은 허물처럼 제 길만 흉하게 비치는 것은 아니다. 어둑하게 세워져 있는 저 빛바랜 등대를 지나 덕지덕지 앉은 땟국이라도 벗길 듯이 통통배는 할머니 할아버지 바위를 돌아 신나게 달린다. 내가 어렸을 적 꽃지 바다에서는 박대와 서대 및 조기가 많이 잡혀서 온종일 지게로 짊어지고 옮겨야 할 정도였다.

지금도 나는 그 일을 하셨던 아버지를 생각하면 몹시 마음이 무겁다. 남보다 머리 하나쯤은 더 크셨으나, 일생을 어머니 그늘에 묻혀 양지陽地를 모르셨던 아버지!

어머니는 천석꾼의 외동딸이었다. 아버지는 외가에서 머슴살이를 하셨다. 아버지의 외모가 워낙 미남이어서 어머니는 아버지한테 반해서 두 분은 사랑에 빠지게 되었다. 그때 어머니 나이 열세 살이었고, 아버지는 스물일곱이었다. 어머니는 열세 살에 큰 형을 임신했고, 결국 외할아버지의 노여움을 사서 7년간 머슴살이 사경도 못 받고 쫓겨났다. 그러다보니 아버지는 처가에 대한 서운함을 지니고 사셨고, 어머니는 평생 친정을 한 번도 못 가는 한을 안고 사셨다.

초등학교 2학년 때인가 소먹이는 아이들 따라 놀다가 학교를 빼먹은 것이 들통이 나서 혼쭐이 나게 매를 맞은 이후로 아버지가 무서워서 공부를 열심히 했다. 가난한 집에서 왜 너 하나를 가르치는지 그 이유를 확실히 알고 학교에 나가라 하시며 매를 때리고 나서 뒤돌아 눈물짓는 아버지의 모습을 보았다. 그때는 아버지의 깊은 심정을 헤아리지 못했다. 내가 자식을 키우면서야 아버지의 심정을 이해할 수 있었다.

안면도에는 다른 지방에는 없는 천연기념물인 모감주나무 군락지가 있다. 꽃지花地 해수욕장 옆 방포항에만 있다. 낙엽교목으로 열매는 염주를 만드는 데 쓴다. 그 씨가 어디에서 떠밀려 와 이곳에만 자라게 되었는지는 알 수가 없다. 천연기념물인데, 갯바람을 쐬고 있는데도 잎사귀들이 벌레에 부대껴 너덜너덜 낡아서 염주 소리를 내고 있다.

'나는 아직 애증의 빛 벗지 못해 무성한 초록 귀때기마다 펴어런 잎사귀들의 생생한 바람 소리를 달고 있다. 그러니 이 빛을 탕감받도록 저 채색의 시간 속에 나를 놓아다오.'

세월은 누가 만드는 돌무덤을 지나는가. 흐벅지게 참나리 꽃들이 피어오르는 모래 능선 끝 잎이 떨어지는 갈참나무 웅덩이에서 늙은 길은 산맥으로 휘어져 길게 늘어져 있다. 나는 갈참나무 부근에서 무언가를 기다리며, 누군가를 생각하며 오랫동안 서서 헛기침을 할 것이다.

〈1969년 1월 8일(수), 흐리고 눈〉

허름한 저녁을 먹다

　골목길 국밥집에는 두 사내가 마주 앉아 허름한 저녁을 먹고 있다. 뚝배기 속으로 달그락거리던 숟갈질이 빈 반찬 그릇에서 멎자, 한 사내는 아쉬운 듯 주머니를 뒤져 담배를 붙여 물고 유리창 밖을 내다본다. 그들은 방금까지 염전에서 목줄을 매고 허덕인 흔적의 짭짤한 옷을 그대로 입은 채 마주하고 있다. 보기만 해도 생활에 지친 모습이 역력하다.
　안면도의 서쪽 바다는 모두 해수욕장으로 되어 있고, 동쪽 바다는 군데군데 염전과 굴 양식장으로 되어 있거나 농게나 칠게, 능쟁이를 잡을 수 있는 뻘로 되어 있다. 그러나 대천처럼 뻘을 이용해서 머드팩을 하는 곳은 한 곳도 없다. 뻘의 질은 대천의 것보다 좋으나 투자할 자본가가 없는 것이리라.

　이번에는 동쪽 바다를 중심으로 말해보려고 한다. 갯벌은 저녁마다 터진 솔기 사이로 보이는 풍경 속에 있다. 간석지로 난 수로를 따라가면 바다 방죽 저 모서리에서 허옇게 거품 문 밀물이 출렁거린다. 떠나는 구름과 닿아야 할 파도가 미친 짐승이 되어 서로의 욕정(허상의 '희'를 향한 마음)에 얽혀있다.

- 너희가 무엇을 보려고 광야에 나갔더냐. 바람에 흔들리는 갈대냐. 그러면 너희가 무엇을 보려고 나갔더냐.

부드러운 옷 입은 사람이냐. - (누가복음, 7 : 24~25)

낮은 음표인 듯 갈매기 두 마리가 가라앉는 갯골 이쪽에서 울어 예고, 폐염전이 펼쳐진 곳에서 태양열 공사의 망치 소리가 현대사를 말해 주고 있다.

원래 이 염전은 102정보(1정보 : 3,000평)의 아주 방대한 곳이었다. 나의 큰형과 작은 형이 이곳에서 십칠팔 세부터 소금 생산을 하면서 우리 식솔들의 생활에 많은 도움을 준 곳이다. 그러던 어느 날 김 사장은 염전을 팔고, 그분의 형이 운영하던 군산에 있는 '백화수복' 공장으로 돌아갔다. 김 사장의 아들이 나하고는 중학교와 고등학교의 동창이다. 그놈은 그 이후로 얼굴도 소식도 들어본 일이 없다. 그러나 내 형들이 그 염전에 있을 때 나는 기회가 있을 때마다 그곳에 놀러 다녔다. 염전을 관리하는 사무실에 나를 아끼는 '김경태'라는 분이 계셨는데 놀러갈 때마다 동창인 '김인섭' 집에서 밥을 자주 먹은 기억이 있다. 1950년대와 60년대 우리나라 보릿고개는 너무 힘들었다. 그래서 인섭이와 함께 하얀 쌀밥을 먹은 것이 기억에 남는 일이다.

이 염전에는 큰 저수지가 두 군데 있다. 봄에서 가을에는 무릎까지 닿는 데만 들어가도 큰 꽃게들을 물통으로 하나 가득 잡을 수 있다. 겨울에 얼음이 얼면 팔뚝 길이보다 큰 숭어들이 지천으로 잡히는 곳이다. 지금 태양열 공사로 온통 아수라장이 되었지만 저수지만은 없어질 수가 없다. 높은 방파제의 물을 견디는 수문水門이 있고 마을 농로의 물이 빠지는 통로와 연결되어 있기 때문이다.

공단 너머 갯벌에는 농게가 빨간 발을 들고 춤을 추면서 암게를 유혹하고, 그 춤에 반한 암게는 거품을 품고 궁둥이만 흔들고 있다. 그리고 엄지손가락 마디만큼이나 큰 고무락(바다고둥의 일종)이 꽉 찬 마을이 이곳 동쪽 바다다.

이 염전 주위의 산은 고사리밭이라 이른 봄부터 주말이면 서울의 아저씨 아주머니들이 벌떼처럼 모여든다. 3개월 정도 계속 고사리가 생산되는 곳이다. 수원과 인천, 서울의 가정 식탁에 올려지는 고사리 반찬은 대부분 안면도 중에서도 이곳의 것이다. 서울분들이 어디에 고사리가 많이 나오는지 현지인인 우리보다 더 잘 알아서, 새벽 6시에 출발해 가도 그분들이 벌써 와서 고사리를 뜯고 있다. 잠을 안 자고 밤새 운전을 해서 내려왔다고 한다. 일부 부부들은 전날에 와 가까운 펜션에서 쉬고 아침 일찍 뜯으러 나온다고 했다.

이곳으로 고사리 꺾으러 올 때마다 추억이 되살아나는 염전을 내려다본다. 태양광 공사 때문에 가드레일을 높게 쳐서 염전 터가 안 보이지만, 고사리 꺾는 높은 산 위에서 내려다보면 큰형이 일하던 곳과 작은 형이 일하던 곳이 분명히 기억이 난다. 또 작은형이 하숙하던 집들도 보인다. 큰형은 나배 마을 후미진 산모퉁이에 살고 있었기 때문에 보이지 않는다.

나의 기억은 염전으로 달린다. 망가진 수차가 물을 퍼 담고 저쪽 구릉까지 힘겹게 퍼 나른다. 맨발이 쓰리도록 발판을 딛고 수차를 힘껏

밟는다. 최상품의 소금이 생산되어야 보너스도 많고, 간수도 진하여 두부를 만드는데 인기가 높다. 눈발이 어느 일생 위에 저렇게 세차게 뿌리겠는가. 염전은 오래전 소금을 버렸는데 나는 늦도록 여기, 소금 기둥으로 박혀 하루를 살았다.

아무리 추억을 되살려도 다른 곳은 내가 성장한 서해만 못하다. 모래 언덕에서 보면 구릉 너머로 낮은 구름이 첩첩이 흘러 더욱 먼 나라처럼 느껴질 때가 있다.

매연이 뿌연 77번 지방 국도변 가로수 아래로 휘적휘적 걸어가는 이의 모습이 보인다. 모래 언덕에는 백 년이 넘은 적송 사이로 군데군데 갈참나무가 있다. 저 구름 끝 간 데를 보며 다시 모래사장에 버티고 서 기다릴 사람도 팔아버릴 세월도 없는데 그 한끝에 묶인 해가 저문다.

외롭게 떠도는 것이 나그네만은 아니다. 어디선가 날아와 저만큼 내려앉으려는 갈매기 한 마리가 외롭게 보인다. 그래도 쪼아 먹을 무엇인가가 있나 보다. 멀리 수평선 아득한 곳에 검은 뭉게구름이 팽팽히 곤두선다. 문득, 그 끝에서 거미처럼 흘러내리는 수직의 눈발과 깨끗한 함박눈이 반가워 쇠붙이라도 꿀꺽 삼키고 싶다.

저 눈발 속으로 침윤浸潤되는 것이 모래 언덕뿐이랴. 눈발에 밀려서 소나무숲 모래 둔덕 위로 올라가니, 모래에 등을 대고 저희끼리 얼굴 파묻고 웅크린 키 작은 갈참나무 웅덩이로 식솔食率들을 끌고 오는 내가 보인다.

꽃으로 글을 쓴다는 건

먼저 그것이 고개 숙이며 겸손하게 온다. 아스팔트를 데웠다 식히는 힘, 이마 위에 맺힌 송송한 구슬땀 몇 개로 사랑이 익는다. 보채는 아이의 투정처럼, 식은 차 한 잔이 주는 위로처럼, 구렁이가 담을 넘어오듯이 사랑이 온다. 망설이는 마음 한복판으로 어제의 사랑을 지우며 더듬거리며 오늘, 사랑이 내게로 온다. 주저하는 나보다 먼저 그녀가 내게로 온다. 그녀의 산은 높다. 나는 높은 산을 좋아한다. 그 탓에 그녀의 산은 고봉高峰준령처럼 높아만 간다.

퇴직하고 고향으로 돌아온 뒤 처음 맞는 팔월은 그냥 지나가지 않았다. 삼십사 년 만에 초등학교 동창들과 술 마신 날 새벽, 반쯤은 시체가 된 듯한 몸을 이끌고 일어났다. 밖으로 나가고 싶어 창문을 열고 술에서 깨려고 서녘 바다가 보이는 모래 언덕으로 올라갔다. 백 년 이상 된 적송赤松들이 수십 그루 선 밑으로 갈참나무들이 무더기를 이루고 있다. 그 속에 우리의 웅덩이가 있다. 그 웅덩이는 일기장에도 추억을 담고 있는 곳이다. '희'야가 그랬고, '옥'이가 그랬다. 바다의 경치가 아름다워서 감수성이 예민한 여고생들은 이곳에 오기만 하면 갈참나무 웅덩이를 좋아했다. 젊다는 것을 유감없이 풀고 가는 특별한 곳이었다.

매미 소리와 함께 마지막 여름이 가고, 들판에 아이들은 키 큰 잠자리채를 깃발처럼 흔들었다. 적송 위에선 매미가 마지막 가는 계절이 아쉬운 듯 목이 찢어져라 울어 옜다. 그리고 이름 모를 무성한 벌레울음과 그 뒤에 오는 짧은 침묵 사이로 어제의 언어가 유산되고, 간밤의 묵은 취기도 마저 빠져나가고, 맴맴 맴돌기만 하던 생각도 가고, 그대와 함께했던 여름도 가고 있었다. 묶어 놓지 못하는 연륜은 지난날을 아픔으로만 남긴다. 아직 배반할 시간은 충분한데…….

그리 높지도 푸르지도 않은 하늘 아래 구름은 비계 낀 듯 잔뜩 엉겨붙어 뭉게뭉게 떨어지지 않고 다만, 거짓말처럼 천천히 서로 겹쳐진다. 풀어지며 경계를 만들었다 허무는 힘으로 입술과 입술이 부딪치고 다만, 한 기억이 또 다른 기억을 뭉개며 제각기 비비다 울며 여름이 간다.

언젠가 한 번 와본 듯하다. 언젠가 한 번 마신 듯하다. 이 다방 이 자리 이 불빛 아래, 가만있자 - 저 눈웃음치는 마담의 보조개도 낯익구나! 어느 여자하고였던가? 시대를 핑계로, 어둠을 구실로, 객쩍은 욕망에 꽃을 달아줬던 건 아프지 않고도 아픈 척, 가렵지 않고도 가려운 척 밤새워 핥고 할퀴던 피가 뜨겁던 때였다. 그녀와 나는 출근길도 잃어버리고 뜨거웠는데 벌써 팔순의 세월이 흘렀다. 잡을 수 없는 것이 세월이라더니 뜨겁게 실감한다.

그동안 무엇을 하며 살았는지 일기장이 부끄럽다. 있는 과거 없는 과거 들쑤시어, 있는 사람 없는 사람 모아 도마 위에 놓고 씹고 또 씹었다. 호호탕탕 홀홀 쩝쩝 마시고 두드리고 불러 젖혔던 흘러간 세월이다. 그러다 한두 번 불빛에 엉켜 흐느적대던 서녘 바다의 기억들이 부끄럽다.

꽃으로 글을 쓴다는 것과 음악으로 글을 쓴다는 건 다르다.
꽃으로 글을 쓴다는 건 아름다움을 그리워한다는 것이다.

음악으로 글을 쓴다는 건 아름다움을 슬퍼한다는 것이다.
그녀가 그리워질 때 나는 꽃밭에서 글을 쓴다. 그 꽃밭은 그녀가 내게 가르쳐 준 가장 아름다운 장소다. 그녀가 슬퍼질 때 나는 음악의 방에서 글을 쓴다. 그 방도 그녀가 내게 가르쳐 준 아름다운 장소다.
꽃밭에서 쓴 글에는 향기가 있다. 향기가 없는 것은 꽃이 아니 듯, 향기가 있다는 건 생명이 있다는 것이다. 꽃밭에서 쓴 글은 생명이 있고 향기가 있다. 누구도 알 수 없는 향기, 그건 그녀만이 가지고 있는 강한 힘이었다. 그녀를 그리워한다는 건 그녀의 향기를 그리워한다는 것이기에 나는 '위대한 바보'가 된다.
음악으로 쓴 글에는 눈물이 있다. 눈물이 없는 것은 이미 음악이 아니듯, 눈물이 있다는 건 슬픔이 있다는 것이다. 음악으로 쓴 글은 슬픔이 있고 눈물이 있어야 한다. 그 누구도 알 수 없는 눈물, 그녀만은 알리라.
그녀를 슬퍼한다는 건 그녀의 눈물을 슬퍼한다는 것이기에 음악으로 글을 쓴다는 거와 꽃밭에서 글을 쓴다는 것은 완전히 다르다.

나는 알고 있다.

언제나 높은 고독의 담은 넘을 수 없으리라는 것을 나는 알고 있다. 늘 그랬던 것처럼 오늘 아파했던 곳이 내일 또 아플 것이고, 오늘 보고 싶었던 사람이 내일 또 보고 싶으리라는 것을 나는 알고 있다. 촛불처럼 지키고 살았던 나의 삶 속에서 바람은 언제나 심하게 불고 그림자가 흔들리고 있음을 나는 알고 있다. 어쩌면 흔들림 없는 바위가 되고 싶었던 나의 바람조차 약한 바람에도 두려운 촛불인 것을 나는 알고 있다.

시나브로 그녀의 사랑에 취하고 싶다. 모든 시간을 그녀를 위해 잃고 싶다. 나뭇잎이 떨어지는 것을 보고서야 쓸쓸한 계절임을 알며, 눈이 오는 것을 보고서야 추운 겨울임을 느낀다. 별이 창문 틈에 걸리면 밤이요, 빛이 쏟아지면 아침의 노래를 부른다. 붉은 노을이 나의 눈빛을 덮으면 비로소 저녁임을 안다. 그런 사랑을 하며 나의 시간을 잃어가고 싶다.

눈물 냄새

누군가 내 마음을 잡고 흔들고 있다. 그러다가 낙엽이 지듯 힘없이 쓰러지고 나면 입 다문 어둠이 홀로 곁에 있다. 수줍게 채색된 그와의 시간은 기억의 문을 꼭꼭 닫고 있다. 누군가가 미워 미움의 옷을 입히고, 나는 부지런히 아픔을 준비한다. 하루가 미뤄지는 노을에 괴로워한 흔적이 꿈의 테이프처럼 새겨질 고독이라면 잊어야 할 사람의 몫까지 우울해진다. 그대로 허물어지는 슬픈 가슴이 아니기 위해 스스로 위로의 벽을 높이 쌓아야 한다. 결국 나는 모래 언덕 위, 백 년 이상 된 적송이 수십 그루 서 있고, 갈참나무가 우거진 웅덩이 곁으로 올라갔다. '희'야와의 추억을 이 작은 가슴으로 소화하기 위해서다. 작은 가슴으로는 지난날의 일기장을 정리하기가 힘에 겹다. 옆에서 지켜보던 노을도 안타까운지 붉은 눈물을 흘리고 있다. 그 눈물조차 가슴을 위로하기에는 부족하다.

누군가의 전부를 원하는 것은 그만큼 그를 사랑하는 것이다. 어떤 모습으로든 작은 것도 소중히 간직하고 싶은 마음, 그 모든 것을 갈구할 때 그는 속절없이 달아났다. 속에 있는 마음을 숨길 수 없어 눈물을 흘리고, 다시 아픔의 결과를 배우기까지 얼마나 서로의 가슴을 망치로 두드려야 했던가.

자기 얼굴에 고독이 씌어 있다면 그 표정에 대해 변명할 말을 준비해 두어야 한다. 누구나 고민은 각자의 성격에 따라서 다소의 차이가 있다. 연륜이 쌓임에 따라 그 성격도 차이가 있다. 그러하기에 나는 감당하기 힘든 어떤 얼굴, 무거운 표정으로 멀어져 간 사람들을 향해 애써 웃음 짓는 얼굴이 두렵다.

바닷가에 나오면, 솔직히 바닷가 모래 언덕 위에만 서면 '희'야와의 기억을 감추지 못한다. 나는 가면을 쓰고 살아왔기에 바닷가 기억 앞에 선 단 몇 분만이라도 솔직해지고 싶다. 슬플 때 슬퍼할 수 있는 마음을 가질 수 있다면 가슴이 눈물을 펌프질 할 때, 아픔도 서운치 않을 만큼 눈물을 온몸으로 뒹굴며 흘려야겠다.

아직 세상을 사랑할 수 있기에 깊은 한숨에도 누군가를 기다리고 있다. 문고리를 꼭꼭 잠그고 어둠을 사랑하다 보면, 어둠이 나를 감춰 주지만, 그만큼 감춰진 속에서 더 큰 비애감과 초라함을 안고 돌아눕게 된다. 누구든 떠날 수 있고, 또다시 돌아올 수 없을 수 있다. 그 이치를 더 숨기지 않고 이제는 알려야겠다.

둘러보면 우측에도 좌측에도 뒤통수에도 모두가 고독한 사람들이다. 앞에만 없다. 앞에는 내 고독한 그림자가 길게 늘어져 앞장서서 걸어가고 있다. 영화처럼 사랑을 꿈꾸며 그 사랑의 주인공이 되길, 아무도 없는 곳에서 얼마나 애태웠을까. 꿈속에서 본 듯한 사랑이 가는 소리. 잊을 사람은 어떻게든 잊어야 한다.

가슴에 큰 망치질을 한 그이기에 하루는 나를 건드리지 말라는 표정으로 애써 살아지지만 이제는 누군가의 웃음을 빌려서라도 표정 없는 얼굴에 작은 웃음 하나 가르치고 싶다. 떠난 사람을 그리워하는 것은 또 한 번의 아픔이다. 잊혀질 사람이라면, 아픔으로만 남겨질 먼 시간 속의 사람이라면 어떻게든 잊어야 한다.

길거리에 뒹구는 돌멩이에도 저들 나름대로의 의미가 부여되어 있다. 아무것도 아닌 돌멩이 같지만, 그 누군가에겐 의미있는 모습으로 다가갈 수 있다. 때론 이런 것이 나를 슬프게 하고 고독하게 구석으로 몰아넣는다. 모래 언덕 위의 갈참나무 이파리조차 내게 큰 모습으로 와 닿곤 한다. 바람이 분다는 것을 알려주면서.

바람은 가끔 파도가 일렁인다는 것을 전하며 쓸쓸함을 더하고 있다. 이제는 누군가에게 어떤 모습으로 마음대로 다가갈 수 없다는 것, 더 이상 아무 의미로 남겨질 수 없다는 것을 깨닫는 순간, 고독하게 된다. 그럴 경우 파도 위를 걷는 사람들조차 어떤 모습으로도 내게 의미가 될 수 없고, 나조차 그 물결의 하나일 뿐 그 누구에게도 작은 의미조차 될 수 없다. 그래서 그런가, 지금 길거리의 돌멩이 하나가 나를 고독하게 하고 슬프게 한다.

아직은 보여줄 수 없는 마음, 초라한 마음을 안고 숨어 있다. 고독에도 무너지지 않을 사랑이라 여겼지만 어느새 초라함만이 나의 전부를 차지하고 가슴에서는 이미 눈물 냄새가 난다. 누군가를 나의 전부라 느끼는 것만큼 나 자신을 사랑해야겠다. 한 번 사랑한 이는 끝까지 사랑해야 한다. 비록 그의 마음에 내가 없을지라도…….

그날, 서녘 바다

그 어느 하늘이 밝기에 황혼이 이다지 멀리 오르나. 늙은 대장장이의 숯불 같은 얼굴로 외로움을 달래기 위해서 '희'야를 생각하며 서녘 바다를 걸었다. 왕관을 벗기던 그날을 생각하면서 문득 하늘을 느끼면 바다 깊은 곳에서 퍼붓던 분수噴水의 의혹들……. 그 깊은 하늘을 가득 출렁이던 인간의 깊은 가슴 속에 사랑이 핀다. 숯불로 타오르는 구름 덩어리가 왕관처럼 바다의 머리에 얹혀 빛나면 슬픔의 왕은 되지만 바다는 하늘이 될 수 없다. 바다는 바다의 울음이고 바다는 바다의 몸짓이기에 우리는 그들과 함께 어둠을 맞아 또 하나의 목숨을 굴린다. 이런 저녁, 사랑의 말은 하지 않아도 좋으련만 어둠으로 불어가는 어느 가슴이 타기에 바다를 짚어 본다. 하늘의 손은 외롭지 않은 자까지 흔들어 놓고, 흔들리는 모든 것을 사랑하며 바다에 어리는 황혼~, 내 가슴에서 지워지고 있었다.

불꽃

뿌리도 없이 하늘에 핀 꽃이다. 눈부시게 어린 바람의 손을 잡고 구름의 날개를 반짝인다. 햇살 따사로운 눈썹 사이로 작은 불꽃을 만난다. 살아 있는 모두가 분수처럼 솟아 하늘에 꽃가루를 뿌린다. 그때 하늘 가득 꽃밭이 날리는데 떨어지는 건 잠시 머물던 설움뿐이다. 나이만 먹었지 아직도 깨닫지 못한 내 영혼 같다. 시간이 자라는 정원에서 바람이 웃음소리로 타오르면 하늘이 붉게 물들고, 까맣게 잊혀 가는 얼굴들, 무엇을 사랑해야 할지, 어둠에 가슴이 허전해진다.

"바다 구경 가지 않을래?"
"어느 바다에 가려고 하는데?"
"서쪽 바다가 좋다더군. 그곳에 가면 해삼도 잡고 전복도 잡을 수 있대."

그날 도시의 한가운데서 내가 친구에게 말했다. 플라타너스의 그늘은 떨어지는 송충이보다도 더 징그럽게 하늘을 갉아먹고 있었다. 내 말은 파도가 되어 너와 나 사이에 잔잔하게 출렁이고, 반쯤 남은 하늘의 한쪽에서는 별빛에서나 느낄 정다움이 자라는데 바다의 적막 속에서 '희'야는 한 송이 꽃으로 피어났다. 그 꽃의 향기는 '나'를 어지럽게 했다. 그리고 나를 서쪽 바닷가의 고목枯木으로 만들어 버렸다.
온통 외로운 바다와 온통 출렁이는 '희'야가 영화의 한 장면처럼 바닷가 모래 위를 뒹굴고 있었다. 나 또한 그가 되고 싶어도 꽃으로 핀 너만이 이 바다의 한쪽일 수 있고 난 그냥 인간일 뿐, 플라타너스 곁에서 송충이나 죽이는…. 돌아서 흘러내리는 쓸쓸함에 철저해지며 내가 될 수 없는 너의 하늘이기에 허전한 뒷모습으로 해변을 벗어나고 있었다.
바람이 그의 자리를 찾지 못하고 헤맬 때, 자신의 자리에 있지 못하는 바람은 얼마나 초라한가. 어지러운 바람이다. 차라리 '희'야처럼 꽃이 되어있어라. 길가에 핀 달맞이꽃이나 장미꽃, 봉숭아꽃까지 자신의 자리에 서 있는 꽃들이 얼마나 의젓한가. 아름다움을 지키는 별처럼…….

장미꽃이 아름다운 것은 그 아름다운 꽃을 보호할 수 있는 가시가 있기 때문이다. 장미는 꽃이 피기 전에 가시가 있다. 가시 다음에 꽃이 피기 때문에 그 가시 속에서도 아름다운 꽃이 핀다는 것 자체가 아름다움인 것이다.

희극을 하려면 정극을 알아야 한다. 즉 웃음을 알려면 울어도 보아야 한다. '나'에게 허락된 길이 너무 멀다. 다시 흐를 수 없는 시간 속에 흘러가 버린 그들, 절망과 희망은 아직도 상자를 나오려고 애쓰고 있다. 살아 있는 영혼 주위를 떠도는 천사들도 암담하다.

이 바닷가의 모래 언덕에는 해당화와 동백꽃 나무가 많다. 해당화 열매는 먹을 수가 있다. 새마을운동 이전에는 농촌에서 보릿고개를 넘기기가 무척 힘들었다. 그때 해당화 열매는 허기진 이들의 심심찮은 간식거리가 되었다.

또, 이 바닷가에는 한 아름씩 되는 소나무가 많다. 그 밑에는 도라지와 방풍, 원추리꽃, 참나리꽃 등 많은 꽃이 자라고 있다. 그리고 소나무 밑에 갈참나무 숲속에는 홈 패인 곳들이 많아서 청춘 남녀들이 비밀을 달래기에 좋은 곳으로 호평을 받고 있다.

어느 신神도 구원의 손길을 주지 않는다. 지친 그림자를 달랠 빈 동굴이 많은 마을, 모두 자신의 동굴 속에서 심지를 줄이며 '희'야의 팽팽한 고산高山을 더듬는다. 겨울 철새떼처럼 고단한 영혼 누일 곳을 찾는다. 신이 있다면 이럴까~!

바다의 말씀

바다가 내게 말한다. 바다가 내게 말하려 한다.

바위에 붙은 소라의 귀에 대고, 바위에 붙은 굴의 입에 대고, 바다는 바다의 소리를 말한다. 내게서 달아나 파도에 밀려다니는 꿈. 살갗에 끈적이는 인간 비린내보다 진하게 나를 적신다. 나는 바다의 소리를 듣지도 못한 채 밤마다 내리는 안갯속을 헤매고 있었나 보다. 결국, 나는 방향을 잃은 배처럼 등대를 찾고 있었는지 모른다. 그래서 밤마다 뒤척이며 잠들지도 못한 채 떠돌고 있었나 보다.

바다는 아무런 말도 하지 않는다. 바다는 말할 줄도 모른다. 그러나 나에게 시詩를 가르쳐 주었다.

바다, 연인의 언어들은

바다에서 연인의 차가운 손을 만져 본다. 물보라로 뒹구는 그림자가 나에게서부터 누워있었다. 소리 질러 잡을 수 없는 낱말들의 죽은 비늘이 살아 있는 모두의 아픔으로 일어서고 있다. 바닷속 깊은 곳에 미역 줄기들이 머리를 풀고, 파도에 서고 바람에 머리를 날리며 아직 지우지 못한 연인의 일로 그들 속에 서 있는 나를 본다. 연인戀人의 손은 늘 차가웠다. 뼛속까지 한기를 품으며 나는 바닷바람으로 덥히고 있었다.

바다에서, 연인의 싱싱한 언어를 건진다. 팔딱이며, 내 얄팍한 이기심을 여지없이 짓밟곤, 고개를 돌려 해초 사이로 사라진다. 연인은 웃고 있다. 부서진 햇살처럼 나는 바빠진 의식의 물 긷기를 인내한다. 파도가 지닌 힘의 잠재, 끊임없이 같은 행위만 반복한다. 보라로 날리는 고통의 결정들이 폐선처럼 버려져 있다. 바다는 죽음의 영원한 동경일 수도 있다. 가질 수 없는, 그냥 지나칠 세계일 수도 있다. 그늘 위 삶의 발길로부터 자유롭기 위하여 바다는 언제나 빛을 반사하고 연인의 언어들은 내가 모르는 심연의 일렁이지 않는 곳까지 다니고 있다. 언제나 눈먼 장님처럼 손으로만 벽을 만질 수 있다. 손이 닿는 곳은 수직의 벽면이요, 그 옆에 누가 앉아 있는지 냄새도 맡을 수 없다. 그래도 익숙해진 그는 답답하지 않아 항상 행복한 웃음을 웃으며 살아가고 있다. 차라리 나는 앞을 분간 못하는 '위대한 바보'가 되었으면 좋겠다.

  나는 바닷가를 걷고 있었다. 삶에 지친 내 머리를 하루만이라도 달래기 위해서 아무도 모르게 혼자 나를 슬프게도 했고, 나를 기쁘게도 했던 고향의 바닷가를 거닐고 있었다. 바다는 내 머리를 어지럽게도 했고, 나의 삶에 대한 철학과 생활의 일기장을 쓰게 만든 곳이다. 그동안 느끼지 못한 생각들이 있어 그날 아침은 특별히 숨 가쁘게 바닷가를 거닐고 있었다. 물결을 따라 햇살은 구겨져 눈물을 얼룩이며 나를 내려다보고 있었다. 순간, 나는 바다의 노래(?)가 되어 그 바닷바람에 녹아내리고 즐겨 해체한 얼굴로 물결처럼 일렁이고 있었다.

  스스로 헤매는 인간들을 바다는 알고 있었다. 숱한 갈매기들이 두리번거리면서 먹이를 찾고 파도는 바다를 뒤집을 듯이 일렁인다. 조약돌을 집어 던져 본다. 다시 살아날 수 있는 아픔과 외로움이 질펀하게 깔려 나의 고통을 달래주고 있다. 바다는 조개껍질처럼 내팽개칠 수 없는 내 몸의 인간 비린내를 어느 날까지만이라도 행복한 즐거움으로 바꿔 줄 것이다.

  바닷바람만이 인간의 가난한 가슴들을 건진다. 내가 바다를 돌아 나올 땐 발목까지 젖어 질척거리게 해주길 바란다.

  어쩌면 누군가의 낙서로써, 또 어쩌면 어렸을 때 내 슬픔의 한 장章으로도 바다는 살아야 한다. 연인들을 지켜보기에도 지쳐 버린, 나의 옛 기억을 더듬기에는 지금 내 가슴이 너무 작다. 너무 좁아 왠지 오늘은 바다와 싸우고 싶다. 버리지 못한 우울을 양손에 들고서 저 바다와 싸우고 싶다. 발로 몸으로 아무리 때리고 짓이겨도 바다는 눈 하나 껌뻑하지 않는다. 그러면서 저 오만한 바다는 울지 않는다. 새 한 마리도 날지 못할 바닷바람이, 기억이 아득한 물결과 파도를 함께 묶어서 사정없이 수평선 멀리 날린다. 누구에게나 열릴 그의 오만과 부서질 모든 애욕을 송두리째 후벼 더듬어 모두 실어갈 듯 노도는 화난 얼굴로 나를 흘겨본다. 내가 세상을 잘못 살아온 것인가, 세상이 나를 잘못 보고 있는 것일까?

 인간은 수면에서 물보라로 빛나고 우리를 재촉하는 누군가의 아득한 힘으로 살아가는 바다를 잘 이해하지 못한다.

 이해하지 못할 잦은 일렁임도 있다. 안개가 바람에 풀어지듯 언어들은 철새의 지친 날갯짓으로 나에게서 멀어져 가고 더는 참을 수 없어 알몸으로 '나'를 던진다. 나의 석고상, 모래 더미처럼 정숙하지 못한 채 파도는 나에게 말하고 있다. 깨지며 살아야 한다. 살만한 이유가 부족할지라도…….

 바다가 눈을 뜨는 밤. 나는 바다 앞에 서 있었다. 끊임없이 허물어지는 저희끼리의 사랑으로 바다는 밤마다 자유로웠다. 나는 바닷가 모래벌을 걷고 있었다. 작은 불꽃으로는 자신을 불태우지 못하는 바다는 눈물겹게 자신을 허물고 나는 비겁하게 그 바다를 바라만 보고 있었다. 낯선 자유로 나를 두렵게 하는, 그 두려움의 아름다움에 침묵하는 바다는 동료가 없이 항상 혼자인 것처럼 표정이 차가웠다.

나는 오늘의 밤바다에 특별히 손을 흔들어 주었다. 나의 미소에 가슴 하얀 물새가 날아간다. 그러나 내가 좋아하는 바다는 어디에도 없었다. 누군가의 마지막 목숨이 흔들리는 것이라도 알고 있는 듯 파도만 일렁이는 소리를 낸다.
　오늘은 바람이 세차게 분다. 파도 소리는 머리 위에서 울부짖고 밀리면서 차오르는 두려움의 물결일 뿐, 격렬한 몸놀림으로 살아 있음을 확인해도 결국 바다는 울먹임으로 나의 밤을 채우고 눈물보다 짠 파도의 뒷모습을 보인다. 어깨가 힘없이 흔들리고 바다는 내 머릿속에서 출렁이고 있다.

바다와 경이와 나와

장마처럼 지루한 하루가 저물고 있다. 지금 내가 앓고 있는 병은 무엇일까. 어머님, 당신이 없는 탓일까. 밤이 깊었다. 지금도 밖에는 재티처럼 눈이 날리고 있다. 달도 차갑다. 날씨 탓으로 달마저 상像을 찌푸린 채 펼 줄을 모른다. 자연의 모습마저 나를 복사하고 있는 것일까. 저렇게 쌓인 눈 속엔 무엇이 있을까. 그리고 더 깊이 지심地心을 파고 들어가면 그 속엔 또 무엇이 있을까. 옛날 태곳적부터 우리 직립원인이 쓰던 연장 조각과 골체들이 화석이 되어 빛나고 있을까?

  그때의 그 원시림原始林은 지금 비에 후줄근히 젖고 있겠지. 가고 또 오고, 지구는 자전을 계속하고, 공전에 따라 천력踐歷을 낳고 또 다른 세대가 형성되고, 자연의 섭리를 받은 자는 또 다른 인간 지혜를 자연에 결부시켜 그 자연을 정복하고, 자연의 천연 보고를 캐낸다. 이래서 역사는 형성되고 기록은 엮어지고 그 위에서 인간은 계속 생존과 싸운다. 지금 당신이 가신 길은 이 중 어느 곳에서 키워 줄 새와 풀을 달래는가.

  경이가 일찍 오빠 뒤에서 위로의 대상이 될 것을 왜 주님은 감추어 두었던가. 이만큼 자라고 고독을 씹을 줄 알고, 뜨거운 사랑을 측정할 수 있는데 왜 가셨을까.

  슬하에서 효도 못한 자식이 미워진 것이겠지. 천생 한이 되고 있다. 경이는 명랑하였지만 얼굴에 인생 파란의 곡절이 새겨져 있었다.

"당신의 아들 '영㮋'은 경이 동생 얼굴에 새겨진 사연을 알 때까지 살렵니다. 항상 당신과 함께하여 주옵소서."

누구의 눈물 자국일까. 삶의 갈림길에 선 전신주처럼 껌벅이는 전등도 없다. 불빛이 희미하여 칠흑 같은 암흑 속이다. 어둠은 고요를 몰고 온다. 그래도 이 어둠 속에서 꿈틀거리는 생명체가 있다. 가장 연하게 움직이는 생명체. 지구의 공전이 느린 탓일까, 태양이 너무 높아 미지근한 탓일까. 그러나 뜨거운 태양은 늘 가슴 속에 존재하는 것. 생명이 있는 한 언제나 활동하고 사색하는 것이 '나'다.

꿈틀거리는 생명체가 또다시 바다를 본다. 하루라도 보지 않으면 바보가 된다. 구태여 촛불이 존재할 필요가 없다. 바다가 있으므로 바다를 읽고, 바다를 배우기 위해서 촛불을 밝히는 것이 아니겠는가. 그 속에는 경이의 얼굴이 있다. 바다는 나의 책, 나의 스승, 나를 담아 뿜어내는 초가삼간, 그리고 내가 자라온 넓은 천국이다. 바다는 늘 태연한 채 평화를 보여준다. 이별이란 뼈아픈 사연도 없다. 이별의 서곡을 작곡 못 하는 마음 가난한 작곡가를 위하여 넓은 가슴을 열어놓고 있을 뿐이다.

언제나 신비에 찬 저 바다! 저 바다는 우리 어머니가 가진 내력과 그 미궁의 고장을 알고 있다. 그리고 훗날 나의 아네모네에게 견실하게 읽어 주겠지. 그녀 경이, 올바로 받고 바르게 읽을까? 그런 바다의 딸이 나에겐 필요조건인 것이다.

〈1969년 1월 8일(수), 흐리고 눈〉

바다에 보내는 바보의 변

밤에 바다를 본다. 그리고 밤에 우뚝 서 있는 나를 본다. 바다에서 나를 찾고 나의 명상을 밤에 맡겨 본다. 밤은 차고 춥다. 그러나 외롭진 않다. 바다에서 찾을 수 있는 나의 포근한 마음은 금방 현녀賢女가 와서 화기애애한 대화를 나누어 줄 만큼 사념思念의 순간이다. 별을 세고, 바다의 소음을 들을 수 있고, 바다에서 맑고 시원함을 배울 수 있다. 소음은 잠시 강도를 바꾸어 헌시獻詩라도 누가 읊어 주는 듯 운율을 타고 온다.

방금 집에서 들은 가족들의 이야기, 그 분위기와는 너무 다른 질이 바다에 있어 좋다.

어머님이 가신 뒤에 들려오는 자질구레한 이야기가 가슴에 낀 안개 같다. 부모를 섬기는 것이 자식의 도리이다. 장자의 임무로 되어버린 고유의 미습美習을 따라 온 큰형은 분가한다고 하고, 아버지는 성질이 직선적인 막내 영주가 철이 들 때까지 그대로 살겠다고 하신다. 삼촌보다 나이가 많은 조카들이 말썽꾸러기들이라서 영주 성질상 조카들의 무례함을 보고 그냥 둘 리가 만무하다. 이런 영주와 조카들이 싸움이라도 하게 되면 그 꼴을 볼 수 없으므로 하시는 아버지의 말씀이다. 게다가 생활권을 잡으려고 수시로 방문하시는 큰 형수의 언사言辭에 서운하니까 하신 말씀이다. 아직 출가할 동생이 둘이나 있어 아버지의 마음이 편하실 리는 없다. 어머님이 운명하시기 전에도 큰형수는 작은형수에게 "어머님이 돌아가시면 시누이들도 나누어 갖자."라느니 "내년에 깨 같은 곡식을 하면 아버지와 반씩 나누어 갖자."라느니 하는 말을 하더라 전한다.

정말 시부모가 죽어서 며느리가 울 때 진정 슬퍼서 우는 며느리가 몇이나 될까. 큰형수의 처세를 보고 형수에 대한 나의 처세도 바뀌어 버렸다. 맏며느리 구실 하기가 쉬운 것은 아니라지만 머리도 풀기 전에 극단적인 이야기를 들으니 여자에 대한 불신이 아니라 역시 속이 좁은 건 여자인가 보다라는 생각을 하게 된다. 믿던 맏형수이기에 더욱 실망이 컸다. 아버지의 의견과 상관없이 형은 이미 집을 팔아 버렸다. 이삿짐을 한 가지씩 한 가지씩 나르신다.

진담도 미덥지 않은 것이 세상의 풍담이고 보면 나에겐 이젠 바다에게서 배우는 그 문구文句만이 나를 살려 줄 수 있는 거다. 밤이 있고, 저 푸른 바다가 있고, 멀리에서 가까이 오는 파도가 있다.

바다~.

푸름은 변함이 없다. 그리고 대망은 언제나 힘과 용기를 준다. 바다를 닮지 못하여 작은 마음을 칼로 깎아 내리는 건 미흡한 인간뿐이다. 그 가슴을 울리는 그 촉은 누가 쏜 가냘픈 떨림인가. 산천이 울고, 천지가 울먹인 며칠 전의 일들이 기억난다.

인간은 성장과 변화를 재촉해 왔다. 그리고 바다, 그가 시도하는 제도 위에서 무던히 칼부림도 해보고, 펜촉을 잡고, 지구의 양극을 횡단도 해보았다. 흰 배경에 흰 병을 작도作圖하기 위하여 꽃 엽서에 거짓말도 많이 긁적여 보았다. 그러나 힘에 겨운 눈망울은 기백氣魄을 잃은 채 시무룩이 얼룩 반점에 담쟁이 낙엽을 그려야만 했다. 불면의 베갯머리에 메아리만 하나 가득 까마귀가 되어 날다가 떠가고……. 끝내 완성된 바다를 그리지 못한 채 나는 아네모네 꽃의 엷게 빛바랜 낙화를 읽어야 했다.

초하루, 하얀 낮달을 굴리는 토끼의 재롱을 정상의 눈으로 담아보지 못한 채 비운의 상처를 다시 새김해야 했다. 정녕, 바다! 그 대화에 궁해져서…….

⟨1969년 1월 18일(토), 맑음⟩

바다에 그리는 그림

그 사람과 같은 입장에 서 보지 않거든 그 사람을 비난하지 말라!
남의 입장을 충분히 이해한다는 것은 사랑의 첫걸음이다.
〈라마구리시나〉

외로움을 살라 먹은 마음에 알뜰하게 간추려진 꽃이 핀다. 미완성의 동물이기에 작은 일이나 큰일을 구별 못 한 채 숙명처럼 작은 새의 생리만을 되씹고 있는지도 모르겠다. 그러나 큰일과 작은 일의 한계가 따로 있는 것이 아니다. 사람에 따라 그 사람이 느끼는 정도에 따른 것이라 본다. 이젠 좀 더 강하게 살고 미완성의 지대에 새로운 삶의 이미지를 부각해야 한다고 생각하면서 마음의 준비가 덜 된 탓일까? 아무튼, 좋다.

내 마음속에는 언제나 광량한 나의 바다가 있다. 나와 함께 존재하는 바다의 이미지가 있다. 거기에서 나는 많은 것을 배우고 베푸는 거다. 생활의 여건이 부여하는 환경 조건은 아무리 잡다한 회오리바람이 분다 해도 거기에 대립하는 사람의 마음 자세에 따라 차이가 나는 것이다. 산다는 생리 자체가 메스꺼운 세상이지만 강한 의지와 굳은 신념만 있으면 사는 것이다. 생활체 그 자체가 고역을 안고 태어난 것인가 보다. 아니, 고역을 안고 허덕이는 인고의 언덕에 사람이 존재하고 생활체는 늘 그 테두리 안에서 평가되는 것인가 보다.

바닷바람이 차다. 그러나 나는 차다고 느끼기 전에 왜 찬바람을 받아야 하는가를 깨달아야 한다. 적어도 내가 그 이유를 알고 있는 한 나는 약해지지 않을 것이다. 아네모네의 꽃망울이 이울고 만학晩學의 뭇 유성들이 정지된 미소를 보낼 때까지 나는 살고, 또 명월明月의 솔이파리 생리를 부각해 보는 거다.

갈등의 매듭이 해소되려는 숱한 얼굴들, 그래도 못내 아쉬운 기억들, 저렇게 바닷물은 해年를 두고 거듭 출렁이는데……. 가버린 사람들, 또 가야 할 사람들이 하나둘 떠오른다. 왜 바닷물은 늘 출렁이는 것일까. 윤회의 철칙을 왜 외면하지 못할까. 아, 그것이 인간인가 보다. 왔으니까 가야 하는 것이 인간의 철칙. 그래도 간 사람은 그리운 것, 뒤에 남은 분신들은 성장하는 거다.

잊을 수 없는 사람이란 참으로 멀리 있는 사람

그리움을 한 폭의 그림으로 그리라면 '파도의 아울림'이라고 스케치하겠다. 좀 건방진 이야기 같지만, 파도의 아울림이 무어냐고 묻는다면 '움직이는 바다가 세상을 품어내는 모습' 이자, 그건 '그녀의 파아란 눈동자의 서성임'이라고 말할 수 있겠다. 우리는 왜 뜨거운 가슴과 용기를 가지고도 약하게 살아야 하는가를 반문하는 사연만 갖고 있다.

눈과 귀를 가지고도 올바로 듣지 못하고, 높은 차원을 보지 못하고 병신이 되고 마는 가난한 마음들이 있다. 왜 인간은 좀 더 강하지 못하고 좀 더 세차지 못할까……. 나 역시 그중 한 모체가 아닐까? 파도가 있고, 그 파도 위에 용단이 넘실거리거늘 아직 파도를 닮지 못한 탓일까? 풋내기 그리움이 또다시 싹트기 전에 파도처럼 강해져야 할 것을 왜 진즉 몰랐을까.

밤이 깊었다. 지금도 파도는 꽝꽝 치고 있을 거다. 나는 글을 써야겠다. 누구에게? 바다에 바치는 노을의 글을 써야겠다. 바다와 함께 살고파 바다를 마신다. 거기엔 악의도 비리도 없다. 다만 선의만이 넘실대는 요지부동의 '사랑가'이다. 바다는 '사랑가'가 담긴 악보다. 넓고 위대한 포옹과 보양뿐이다.

엄마야, 당신은 저 속에서 얼마를 해초로 엮어진 집을 짓고 살다가 가셨는가.

내가 딛는 걸음걸음마다 와 부딪는 긴 한숨. 말 못 하고 죽어간 어느 벙어리 소녀의 뼈아픈 냉가슴 같다. 이제 질펀히 물이 적셔져 있는 원시림의 숲이 아니라도 좋다.

생각할 수 있는 사람, 머리에 떠오르는 사람, 지워지지 않는 저녁노을, 온통 하늘엔 갈매기가 훨훨 날고, 노을이 깔린 바다는 온통 감빛으로 물들어 있었다. 엄마의 젖가슴이 무색할 정도로 탄력이 수수한 바다의 심한 파동이었다. 그 위에 나는 편안히 누워 떨어지는 물을 펑펑 마셨고, 펑펑 쏟아지는 물속을 헤엄쳐 다녔다.

원시림에 후줄근히 비가 내렸다. 촉촉이 젖은 그녀의 속눈썹엔 회오

悔悟의 빛은 하나도 없었다. 그 역시 무엇이든 받아 버릴 수 있다는 풍성한 바다의 '아울림'이었다. 깊은 숲속에 나를 묻어 버렸다. 주위엔 아무 곳에도 보이지 않게 숲으로 가려져 있었다.

〈1969년 1월 12일(일), 흐림〉

그대의 바다

그대의 바다는 가장 막연한 공상 속에서 책을 읽으며 우리들의 하루를 일깨운다.

저녁 마을 변두리에 시 하나 버려두지 아니하였느냐? 언덕 위의 바위와 주저리주저리 열린 청동색 포도 가지 가운데 네 언어를 버려두지 않았느냐? 가슴이 넓은 군중이여, 몰락이 없는 세대의 터전 위에 있는 우리들의 청중이여! 바다는 동방의 새벽처럼 거대하고 푸르다. 축일祝日의 바다! 바위의 노래처럼 전진하는 바다. 전방의 축일~. 축일의 전야, 사랑의 키대로 속삭이는 축일~. 바다는 우리들의 전야에 퍼져 있다. 신의 공포와 같은 바다마저도.

장미의 어두운 향기는 무덤의 목책木栅을 포위하지 않으리라. 종려棕侶 속의 생활한 시간은 벌써 그 이방인의 영혼을 숨겨두지 않으리로다. 괴로워라. 우리들 입술이 일찍이 그렇지 아니하였더냐? 나는 해상의 불빛에 휴식하는 거대한 사물들이 미소 짓는 것을 보았노라. 우리 축일의 바다는 푸른 봄풀의 부활절과도 같은, 축하라는 축일과도 같다. 모든 축일인 바다는 흰 벌거숭이의 양과도 같은, 자유의 영역과도 같은, 노비상태의 지면과도 같다. 어지러운 지방과도 같은, 주사위를 던지며 놀고 있도다.

홍수여! 오오~ 춘풍이여, 나의 출생이여! 나의 총애寵愛는 가장 막연한 동공瞳孔의 원형으로 가는도다! 대낮의 투창投槍은 희열의 항구에서 진동하고 있는데 허무의 북소리는 광명의 피리 소리에 건너가고 있었다. 어디서 보아도 대양은 죽은 장미의 체중을 누르고, 칼슘의 누대樓臺 위에는 소인小人의 머리가 올라오는도다!

나는 그대를 울게 하리라. 그것은 우리 가운데서 너무나 많이 은총을 받았기 때문이다. 괴로움에서가 아니라 은총에 우는 것은 가장 아름다운 노래를 부를 수 있는 가수가 말하는 것이다. 내가 그 원천은 모르나 가슴의 맑은 정으로 춘풍에 오려는 바다의 이 순수한 순간처럼……. 바다는 사람의 계획을 기대하면서 바다는 사람에게 이렇게 말할 수 있다. '사랑과 바다의 원의願意를 찬양하노라.' 이렇게 찬양하고 또 찬양하였다. 바다를 향해서 어디서든지 이 또한 희열의 원천은 역시 바다와의 속삭임이다. 그것은 곧 내가 말할 이야기요, 누군가가 들을 이야기이다. 그것은 말하여지는 것이 당연하도록 내가 말할 것이다. 그것은 물론 누가 즐거워할 만큼 말하여질 은총이 있기 때문이다. 그렇다. 누구나 듣기를 원하는 이야기요, 근심하지 않는 가운데서, 그리고 신선미 속에서 피어나는 바닷속의 속삭임이다.

기억이 없는 사람의 가슴 속에도 바다의 총애인 만큼 나는 지상의 등불을, 하구河口의 춘풍처럼, 그리고 등불처럼 밝히리라. 전설의 큰 나무 밑에 앉아 바다를 듣는 사람 가운데서 일어서지 않는 사람, 우리와 함께 일어서지 않고 가지도 않고 웃지도 않는 사람은 드물 것이다. 아직도 아기의 고사리 같은 손아귀 속에서, 애환의 소용돌이 속에서 역류하는 속에 있다면 한시라도 빨리 눈을 뜨기 바란다.

시詩는 바다의 영광 속에서 품격을 높이고 밝은 인격의 행진을 동반하기 위하여 꾸준히 닦아야 하는 유형물이다. 시는 바다의 통로로 행진하는 노래를 돕기 위하여 사람과 사람이 서로 교류할 수 있는 상아탑을 쌓으며 인간이 계획한 대로 시대의 흐름에 호응하는 합창의 위력만큼이나 큰 바다의 힘을 갖고 있다. 그것은 일찍이 불린 일이 없는 듯 큰 바다의 노래이다. 그것은 우리들 속에서 노래할 바다이다.

바다! 우리에게 바다의 호흡은 포만감에 감겨 호흡에까지 이른다. 해상의 조심스러운 남풍을 가져오면서 세상에 가장 큰 행운의 신선미를 가져다준다.

시詩는 바다의 여러 곳을 휘젓고 전야의 열熱을 식히기 위하여

시는 바다의 여러 곳을 휘젓고 전야의 열熱을 식히기 위하여
시는 바다의 무상악無上樂에 우리들의 전야前夜를 더욱 잘 살게 하려고
그것은 일찍이 꿈꾸어지지 못한 바다의 꿈인 것이다.
그것은 우리에게 꿈꾸도록 하는 바다이다.
바다는 우리에게 엉기어 심연의 가시밭 속까지
광명의 위대한 시간과 암흑의 위대한 발자취로 남게 된다.

모든 면허免許와 모든 출생과 모든 지난날의 잘잘못들을 한꺼번에 가슴에 품어줄 바다! 만조의 바다는 어머니의 품보다 넓고 포근하다. 거품의 충만 속에서 그 젖乳의 천부天賦의 지혜 속에서 아! 모음母音의 거룩한 바다의 화음 속에서 버틴다는 것만으로도 우리 인간은 얼마나 행복한 것인가. 거룩한 여인이여! 거룩한 여인이여! 바다 자체는 모두가 거품일 수 있다. 철상鐵床 위에 앉은 만화 속의 무녀巫女처럼……. 아~ 모음母音의 거룩한 바다여!

이처럼 찬양을 받아 온 나의 바다여!

일체의 방어防禦가 없는 행동에 나는 포위되었다. 이처럼 나 스스로 초대를 받아, 자기의 공로를 말하지 않기를 좋아하는 바다의 매력에 빠져 바닷가에만 가면 항상 허우적댄다. 바다 자체는 아무 말도 하지 않고, 아무 문제가 없다. 다만 인간의 가슴을 지배하는 그 자체가 문제다. 친구의 초대를 받아서 방문했을 때도 사람들은 서로 눈치를 본다. 적어도 친구 사이라면 눈치 볼 일은 없어야 밝은 사이가 아닐까 싶다. 군중 속에서 내 얼굴과 대중의 표정 속에서 과연 나는 몇 푼어치의 얼굴로 비칠 것인가 하는 것도 한 번쯤은 생각해 봄 직하다.

좋은 평가만 받고 항상 칭찬 속에서만 살 수 없는 것이 인간사라면, 찬사 사이에 상아象牙나 혹은 경옥硬玉을 두는 것이 좋은 것처럼……. 나는 그대 비열卑劣이 없는 경사傾斜의 영광 속에 몸을 기울이면서 존경과 나 자신의 수양을 위해서라도 저 바다의 넓은 가슴을 향해서 항상 심호흡하면서 짧은 시간이라도 아끼지 않을 것이다. 아직도 바다 위에는 기쁨의 열기가 열성자의 머리를 흥건히 적셔줄 것이고, 아직도 능변의 열락은 미소의 은총을 자라게 할 것이다. 이러한 인사로 인사를 받을 것이다.

바다여! 사람들이 영원히 가슴의 휴식처럼 기억할 바다여!

누가 바다의 사나이냐

　내가 '바다'에 취미를 가진 것은 매우 오래된 일이다. 멀리 바다의 큰 광채光彩가 내 모든 동공을 혼란의 상태로 이끌어 들인다. 흑黑과 백白의 잎사귀들이 창공의 불의와 싸우고, 광상鑛床(쓸모 있는 광물들이 땅속에 많이 묻혀 있음) 내지는 보석과 같은 하늘 사이에 있는 숲, 그 경계 사이에 사는게 우리네 인생들이다. 어느 면에서는 큰 고기를 잡았을 때 그 마을 사람들의 생생한 비늘과 같은 것.

　누가 내 은밀한 계획을 보고 놀랐단 말인가? 미소와 괴로움과 친절함과 은근함을 간직하고, 같은 무리의 동료들끼리 행운의 언어를 말하면서 어떤 공원의 구석에서 서로의 벽을 무너뜨린다. 그리고 어떤 고관대작의 금색 철선의 담장에서 프로필의 모양을 내는 얼굴. 먼 데서 내 시절의 사이와 항구의 선장실 위에서 그 노래를 부르는 그러한 새(갈매기)를 향하여 나는 손짓을 한다.

　왜냐하면, 내가 이 시기에 취미를 가진 것은 매우 오래된 일이기 때문이다. 다만 생활에 지치고 어려서부터 워낙 가진 것이 없어서 그 꿈을 펼치지 못하고 나이만 먹다 보니 빈몸으로 인생 황혼에 이른 것이다. 지금이라도 나의 친절을 그(바다)에게 보내는 것은 내게 있는 모든 생의 미소인 것이다. 돌과 조개껍질이 젖乳과 같이 흐르는 나의 위대한 시詩에 사람들은 위로의 말이 인색하다. 오히려 그 나이에 무슨 시를 쓰느냐고 한다.

물론, 나는 다 알고 있다.

시인이 되려면 이십 대에, 소설가가 되려면 삼십 대에, 수필가가 되려면 사십 대에 되라고 했다. 자신의 경험이나 한 평생을 고고하게 정리한 회고록이나 경험담은 모두 수필에 해당하는 것이다. 나는 일찍이 제자들에게도 이 이론을 강의해 왔다. 그래서 제자 중에 다수의 후예가 탄생했다. 비판을 당하고 모두가 비꼬인 눈으로 바라보는 지금도 나는 시를 쓰고 나의 사색의 장이 된 바다를 사랑하고 있다. 가난해서 젊었을 때 이루지 못한 꿈을 이루려는데 누가 감히 막을 것인가! 중·고등학교 때는 글짓기를 하면 한 번도 최우수상을 빼앗긴 적이 없다. 이렇게 잠재된 재능과 열정을 누가 방해한단 말인가.

나는 바다를 좋아한다. 그리고 비 맞기를 좋아한다.

밤중의 사색과 같이 온순한 만조에 몽상夢想의 큰 물결이 매우 높게 올라오는 속에서 바다의 맥박이 느껴진다. 살그머니 밧줄을 당길 적에 따라오는 저녁노을의 아름다움도 사랑하지 않을 수 없다. 어찌하여 시詩를 약속할 시간이 나에게 왔는가. 꼭 말하여야 할 것이 이것이다. 그러나 여기서 기쁨을 발견하기에 충분하지 않았을까. 오~오, 여러 신이여! 그것이 나에게 취해지기 전에 내가 이미 걱정했다. 보라, 아기야! 길모퉁이에서 '할레'의 소녀들처럼 정녀貞女의 옷을 입은 아름다운 천상의 방문객, 밤중에 상아 낚싯바늘에 약속된 방문객이, 과원의 곡선 위에서 정신을 도사리는 것이 재빠르다.

짝이 먼 데 있는 신부여, 신부의 비밀이여!

죽은 여자보다 더 가엾은 것은 잊힌 여자라고 누군가 말했다. 혼례의 노래는 '오~오~ 바다여~. 너를 위한 노래니라. 나의 최후의 노래~, 나의 최후의 노래~. 누가 바다의 사나이냐……. 만일 이것이 바다의 노래가 아니라면 나는 묻노니 바다를 위하여 증명할 자는 누구냐?'

문도 현관도 입구도 없는 바다. 빙빙 도는 누대樓臺에 바위 같은, 고관도 없는 바다. 제방 직상에 나래를 파닥이는 짐승의 대열도 없는 바다를 누가 증명할 것이냐?

나는 기술을 관계하였도다.
나는 기술을 존경하였도다.

바라는 일이 이루어지길 간절히 바라는 마음으로 훌륭하고 위대한 작품의 건립, 시詩와 같이 원문과 주역註繹을 편찬編纂하는데 몸을 바친 자들이여! 기증자의 대회에서 유일하게 요구되는 것은 유일한 사용자의 몫이리라. 아무리 알려고 해도 내가 어떻게 작품을 착수했는지 알지 못할 것이다. 남들은 말할 것이다. 석공이나 건축가의 거리 속에서 그 기술자들이 어떻게 그런 정교한 작품을 만들었는지 겉으로 보아서는 알 수 없을 것이다. 비록 겉을 보고 외면적인 것은 평가할 수 있을지라도 그 작가의 내면은 들여다볼 수 없을 것이다. 군중의 관점에서 그저 피상적인 평가로 끝나면 그만인 것을…….

아침에 새로운 바다는 미소 짓는구나!

보라, 이 폐지에는 이방인이 움직이는구나. 왜냐하면, 내가 이러한 시詩에 취미를 가진 것은 매우 오래된 일인 것이기 때문이다. 여기에 이러한 사명이 있는 것이다. 하루 '나'와 너의 그것은 그에게 이러한 친절이 있다고 말할 수 있는 정이 있는 것이다. 여기 양보하는 것은 그만큼 불不 인내忍耐에서 기인한 것이다. 미소는 역시, 그녀에게 전하는 묵시적인 신호이리라.

나의 최후의 노래!
나의 최후의 노래!
누가 바다의 사나이냐?

다시 안면도에 오다

안면도는 백 년 이상 된 적송赤松이 수만 그루가 있는 곳이다. 이 섬에서 우리 집은 밭은 없고 논 네 마지기(800평)를 가지고 열 한 식구가 흥부네처럼 누더기를 입고 흥부네 집처럼 가난하게 살아왔다. 아버지는 항상 소나무 숲에 들어가 복령(소나무 뿌리에 둥글게 맺히는 기생 덩어리-한약재)을 캐서 시장 한약방에 팔아서 근근이 가세를 이끌어 오셨다.

안면도의 적송은 바닷가와 가까운 곳에 있기 때문에 일제 때 왜놈이 수만 그루를 베어 배로 실어 갔고, 송진을 빼가느라고 상처를 낸 흔적이 지금도 그대로 남아서 역사의 산 근거를 한눈에 볼 수 있는 곳이다. 빽빽하게 우거진 적송의 숲은 하늘이 보이질 않는다. 바닷가 언덕 모래 위에서도 아름드리 적송들이 청청하게 자라는 것은 곧 우리들의 기상이 아니겠는가!

내가 퇴직하고 아버지의 흔적이 숨을 쉬고, 쑥을 뜯던 어머니의 무명치마가 그리워서 고향으로 돌아와 노후대책으로 펜션을 짓고 생활하는 데는 그럴만한 이유가 있다. 너무 가난하게 살아서 퇴직금을 일시금으로 찾아서 땅을 사고 집을 지었다. 처음엔 안면도가 징그럽도록 싫었다. 너무 고생해서 쳐다보기도 싫었던 곳이다. 그런데 부산이 고향인 아내가 안면도 바다를 보고 반해서 이곳에 별장을 짓고 말년을 보내

자고 한 것이 발단이 되었다. 그래서 무려 3년이나 주말마다 땅을 물색하러 안면도를 왕래하면서 구한 곳이 소나무가 많고 휴양림이 근거리에 있는 이곳이다.

퇴직 후 이곳서 21년간 펜션을 운영하면서 나이는 더 늘어가지만, 건강은 오히려 직장에 있을 때보다 좋아졌다. 그만큼 이 마을은 소나무가 우리에게 제공해 주는 '피톤치드'의 함량이 충분하다는 것을 보여준다. 특히 12개의 해수욕장 중에서 널리 알려진 해수욕장이 바로 앞에 있고, 그리고 안면도에 오는 관광객은 우리 마을 '자연휴양림'과 '수목원'을 모두 다녀간다. 휴양림에 입장하면 수목원까지 함께 볼 수 있고, 이곳에는 천연기념물인 나무들이 많이 있는 것이 특징이다. 우리 집은 휴양림 정문에서 불과 200m의 거리에 있다. 이런 곳에 안착할 수 있도록 한 아내의 혜안慧眼에 감사한다.

바람이 부는 이유를 알지 못해도 바람은 나무 사이를 지나고, 나무는 '내'가 비상飛翔하고 싶을 때 나무 끝에서부터 흔들려 신호를 보낸다. 그래서 나는 수첩을 들고 메모를 한다. 이 정겨운 소나무 숲에서 무엇인가 배워야 할 것이 있다는 생각이 떠나지 않는다. 바닷가 모래 위에서도 싱싱하게 자라는 아름드리 적송들, 수평선을 향해 그림 같은 청청한 소나무! '나'는 저 믿음직한 소나무에 기대어 우리 고장을 찾는 관광객을 위해서 무엇을 할 수 있을까, 모래 위의 흔적만이 관광객의 추억과 전설이 될 수 없으니, 우리들의 천국은 바로 이 소나무 숲이 아닐까 생각하고 나는 관광객을 위해서 바닷가 소나무에 그네를 맸다. 그랬더니 꼬마들이 그네타기를 즐겼다. 마을에 아이들의 웃음소리가 울리게 된 것이다. 나 역시 그네를 타고나면 하늘을 날아다니다 온 듯 하루의 피로가 풀리는 기분이고 삶의 의욕도 배가되었다. 그래서 그네를 2개 더 만들었다. 즐거운 소리가 울리는 그네 덕분에 마을에서도 좋아했다. 휴양림을 다녀 온 사람들이나 수목원으로 갈 사람들도 줄을 서서 기다리는 풍경이 생겼다. 이런 현실을 보고 자연이 주는 혜택을 잘 만 이용하면 여러 사람에게 행복을 안겨줄 수 있다는 것을 재삼 깨달은 기회가 되었다. 건강과 즐거움, 그리고 새로운 행복이 이 작은 변화에서 나타났다. 결국, 내가 삶을 사랑하고 꿈을 갖게 된 것은 적송 숲 덕이다.

사람이 살면서 보람을 찾는다는 것은 큰 것이 아니다. 관심만 가지면 사소한 일에서 자신도 보람을 찾을 수 있고, 남에게도 기쁨을 줄 수 있는 일들이 많이 있으리라고 본다. 조금만 머리를 쓰고 약간의 수공만 들이면 여러 사람에게 즐거움과 행복감을 줄 수 있다는 것을 이번 경험을 통해서 터득한 것이다. 내가 안면도로 돌아온 보람도 아마 이것이 아니겠는가, 거듭 느끼면서 펜션을 운영하는 날까지는 꾸준히 숲지기가 되어 살고자 한다.

심술쟁이 할멈

삼대에 걸쳐서 이웃하고 살고 있는데도 이웃 간에 정은커녕 틈만 있으면 헐뜯고 무시하고 사는 집이 있다. 그 집 큰사위가 어려울 때 나에게 부탁해서 사우디아라비아 근로자로 보내준 일이 있었다. 그때는 방학 때면 고맙다고 마늘을 접으로 싸서 주던 할멈이다. 그 할멈이 둘째 사위를 면서기로 맞이하면서 동네 공지空地를 모두 등기하여 땅을 확보하더니 자식들 앞으로 펜션을 7채나 지었다. 자신의 욕심만큼 한창 부귀영화를 누리며 살만해졌건만 타인에게는 항상 인색하다.

그 집이 지주로 우리 집을 감싸고 있다. 그 바람에 우리는 닭 한 마리 키울 수 없었다. 우리 집은 대지가 61평, 채전이 76평이다. 내가 퇴직하고 이곳에 작은 오두막을 짓고 조용히 앉아서 글이나 쓸까하고 고향에 갔다.

그런데 그 할멈이 "다 늙어 고향엔 뭐하려고 들어오냐"고 하더니 우리 집 들어가는 입구가 자기네 땅이라며 입구 한복판에 전신주를 박아 버렸다. 2002년이었다. 입구 길이가 2m 폭에 길이 10m쯤 된다. 3천만 원을 줄 테니 팔라고 사정을 했으나 할멈은 무지하게도 내가 그곳에 숙박업소를 짓고 자기네 손님을 빼앗아 간다며 사정을 봐 주지 않는 것이었다. 10년 이상 사람이 살지 않으면 길을 임의로 막아도 된다는 법적 사항을 귀신같이 알고 있었던 것이다. 나는 대학을 나왔지만 그런 건축법은 알지를 못했다. 그 할멈의 자식 6남매는 모두 초등학교도 제대로 나오지 못했다. 면서기 부인도 4학년쯤 다니다 중퇴한 것으로 기억된다.

숙박업소를 건축하려면 최소한 대지 200평과 객실 6실에 해당하는 주차장과 농지 300평 이상을 확보해야 건축 허가가 나왔다. 지금 내가 운영하는 〈별이 보이는 펜션〉도 이런 조건이 갖추어져 있다. '펜션'의 칭호를 붙이려면 그 외 조건이 많다. 그렇지 않으면 민박에 해당되건만 무조건 펜션이라는 칭호를 붙이는 곳이 많다.

나는 젊은 시절, 지긋지긋한 가난을 벗기 위해서 전역 후 소 한 마리라도 사겠다고 학훈단에 입단하였다. 8기생으로 전역을 하고, 직장생활을 모두 마쳤다. 이제 노후를 위해 고향 안면도에 들어와 할머니와 부모님이 억울하게 누명을 쓰면서 살았던 옛 집터를 찾았다. 그런데, 결국 심술쟁이 할멈과 부닥치게 된 것이다.

나는 어머니와의 사이가 특별했다. 그러나 어머니는 내가 대학 3학년 때 52세로 세상을 떠났다. 말씀은 안 하셨어도 이웃에 사는 이 심술쟁이 할멈한테 얼마나 많은 스트레스를 받았을까 생각하니 잠이 오지 않는다.

다른 고향분들과는 사이가 괜찮으나 유독 심술쟁이 할멈만이 옛날에 못살던 우리 집을 깔보던 심보가 박혀서 그런가 지금도 심보를 못되게 쓰고 있는 것이다. 그 할멈에겐 아들 형제가 있었는데 다 죽고, 손자와 손녀들만 바닷가에 펜션 7채의 궁전을 이루고 살고 있다. 그 손자와 손녀들도 우리 집이 3대에 걸쳐 그곳에서 이웃하고 살아온 것을 다 알고 있지만, 이 할멈 앞에서는 입도 뻥끗하지 않고 있다. 그저 나를 보면

빙그레 웃는 것이 인사의 전부이다. 그런데 손자의 며느리들이나 며느리의 딸들에게 하느님의 저주가 내리기 시작했다. 이 안타까운 일을 알고 있지만 글로는 차마 밝힐 수 없어 나 혼자만 간직하려고 한다. 마음이 아프고 그들이 가엾기만 하다.

안면도는 제주도 다음으로 숙박업소가 많은 고장이다. 10개가 넘는 해수욕장이 있는데 그중 꽃지해수욕장이 가장 맑고 넓고 좋은 곳이다. 백사장 길이가 3,200m나 된다. 삼성의 고 이병철 씨가 이곳을 개발하려고 하다가 주민들이 반대하여 포기했다. 그러자 안흥항 못 미쳐에 있는 연포 해수욕장을 사서 개발하였다.

우리 집은 바닷가에서 20m의 거리에 있다. 심술쟁이 할멈이 심술을 부려 현재까지 맹지로 남아서 세금만 억수로 내고 있다.

안면도라는 아름다운 고장에 심술쟁이가 이웃에 있다는 것은 안타까운 현실이다. 세상은 변하고, 허무한 인생살이 길지 않건만 심술쟁이 할멈만이 옛날의 못살던 우리 가정을 깔보던 심보가 변하지 않고 있다. 후세에 남길 좋은 인생 철학은 변하지 않아야 하지만 남과 어울리지 못하는 고집은 고약한 영향만 남기게 된다.

'반면교사反面教師', '타산지석他山之石'라는 말이 있다. 공자는 "무례한 사람의 행위는 내 행실을 바로 잡게 해 주는 스승"이라고 했다. 심술쟁이 할멈이 부리는 심술이 어떤 결과를 갖고 올지는 두고 볼 일이지만 나는 이 할멈의 심술을 보면서 꽃이나 나무도 가꾸어야 아름답듯이 사람의 마음 역시 잘 가꾸어야 한다는 것을 교훈 삼을 뿐이다.

제2부

계절의 서정

첫눈 만큼은
눈 오는 날의 사색
겨울의 서정
또 한번 함박눈이 내리면
산으로 간 여인
나의 꽃, 영춘화
흙
가을과 나
가을에
단풍나무 아래에서
낙엽에 마음을 적어 보다
추석날 묘지에서

첫눈 만큼은

눈이 내리기 시작한다. 첫눈이 내린다. 첫눈을 밟은 사람은 행운을 얻은 사람이다.

뒤에 남이 아무리 밟아도 첫 번째 밟은 발자국은 그 속에서도 찾을 수 있다. 곧 여인의 첫 문을 연 행운을 비유한 말이다. 지구상의 생물 중에 사람과 등에(소의 등에 붙는 진딧물)만이 첫 문이 있다고 생물 시간에 배운 기억이 있다. 꿈과 현실로 교직交織된 거창한 피륙 같은 지구 위에 깨끗한 눈이 내린다. 그리고 시대적 모든 고통과 추억의 사람들에게 돌아가고 있다. 러시아에 시달리는 우크라이나 국민이나, 팔레스타인 가자지구 주민들에게까지 골고루 성역聖域처럼 내려주었으면 좋겠다. 그뿐만 아니라 지구의 온난화로 녹아내리던 빙하氷河라도 더 강하게 구성되었으면 하고 소망해 본다.

첫눈 오는 날에도 꽃지해수욕장 옆 방포항구의 구릉에 들어가 있는 자연산 횟집은 손님들로 대만원을 이뤄서 행복의 은총과 감사의 대大송시頌詩가 울려 퍼질 것이다.

내 철필의 펜션 영업장에도 맑고 깨끗한 눈이 내렸다. 영혼이 맑은 사람들에게는 깨끗한 눈이 내리고 영혼이 검은 사람들에게는 연탄처럼 매연에 농익은 눈이 내린다.

손님들만 아니면, 깨끗한 하얀 눈을 치우고 싶지 않다. 보송보송한 눈을 한 뭉치 집어서 먹고 싶다. 내가 어렸을 때만 해도 공기가 오염이 되지 않아서 고드름도 따먹고 눈도 뭉쳐서 먹었었는데, 흘러간 세월이 아쉽기만 하다.

유산과 유적을 가장 높이 받들고 있는 이들이 있다. 기억에 있는 이야기가 풍경이 되고 그 이야기는 풍경을 기억하도록 돕는다. 마을의 유산이 되는 건 이렇게 문화를 가꾸는 사람들의 노력으로 만들어진다.

안면도에서 풍경이 되고 있는 이야기는 할미와 할아비의 형상을 하고 있는 바위에서 만들어졌다. 그리고 그 바위 뒤로 우뚝 서 있는 자무녀의 등대에서 밤을 새워 비치는 불빛은 바다의 별빛을 보고 싶어 하는 이들에게 추억을 만들어 준다. 할머니 바위의 무성한 노송들은 하나의 석탑인 양 전설을 간직하고, 이곳을 돌아 방포항으로 들어가는 통통배의 고기들을 비가 오나 눈이 오나 모두 셈을 하고 서 있다.

내가 어렸을 때는 이 바위 위에 올라가서 놀았다. 그러나 지금은 올라갈 수가 없다. 그 위에는 독사가 너무 많아서 위험하다. 오늘처럼 눈이 온 날에는 뱀이 겨울잠을 자러 가서 올라갈 수 있지만, 시대가 바뀌어 태안반도의 8경 중의 하나요, 전국에서도 10경 중에 들어가는 곳이라서 법적으로 올라갈 수 없게 되었다. 그리고 올라가는 길도 세월이 흐르다 보니 풍화가 되어 잘 무너져서 올라갈 수도 없다.

순종한 자기의 돌담 위에 부푼 유리의 기와 위에, 검정 대리석의 졸대 위에 모조은模造銀(가짜 화폐)의 박차 위에, 아무도 놀라는 사람은 없었다. 아무도 빛을 더럽히는 사람도 없었다. 알몸이 된 칼날의 최초 절

단과 같은, 갓 낳은 이 입김의 안개, 눈이 내린다.

　올해는 유난히 눈이 많이, 자주 온다. 이제 경이로운 설경을 보리라. 서해 바닷가의 하얀 모래보다도 더 깨끗하고 하얀 꽃가루를 하늘이 뿌리고 있다. 특히 함박눈이라서 더더욱 나의 마음을 끌어들인다.
　나는 오늘 밤에도 가난한 시인이 되리라. 깃털에 쌓인 말 없는 새벽은 정신의 입김에 사로잡힌 옛 얘기의 커다란 올빼미처럼 흰 달리아의 몸을 부풀게 하였다. 모든 방면으로부터 그것은 우리에게 위안이요, 축제였다. 그리고 지난여름에 건축가가 우리에게 굴뚝새의 알을 보이던 그 발코니 위에, 축복이 있을 것이다.
　나는 안다. 이 모든 창백한 굴과 조개 속에서 고통에 찬 선박들이, 인간과 불가사의한 실명에 대하여 신중한 짐승의 외침을 토하는 것을 안다. 세상의 모든 뇌 중에 강구의 불火로 수로인 내인을 불러내는 것을 나는 알고 있다. 대하大河(중국의 황허강)의 폭포수에서 하늘과 물 사이에 이상한 약조가 맺어지는 것도 나는 알고 있다. 그것은 밤의 나방이 하얀 날개를 펴는 축제다. 그리고 새벽의 연기가 자욱한 넓은 정거장에 젖 같은 밤은 겨우살이의 축제를 도와주고 있다.

　여섯 시, 아침이 되기 조금 전 거대한 호수에 둘러싸인 이 고장에도, 공장의 사이렌이 울고, 밤새도록 불을 켠 등대들은 하늘의 과수 울타리 위에 항성의 시렁을 매달고 있다. 그것은 눈雪의 고치에서 나온 귀여운 수천의 등불들! 커다란 진주 같은 가장 깊은 바다에서 '삶'의 대답을 명상으로 얻는다.

눈이 내린다. 철물의 영혼들 위에 짤막한 예배로 숙련된 쇠붙이들 위에도, 쇠똥 위에도, 쓰레기 위에 이 성사에 무성한 잡풀 위에도 눈은 내린다. 열병식을 하는 군대의 연병장 위에도, 사막의 고수풀의 씨앗보다도 가늘게 눈이~. 4월의 젊은 짐승들의 초유보다도 신선한 눈이…! 저편에도 눈이 내리고 있다. 서부에서 곳집(곡식을 보관하는 창고-옛날에는 상엿집도 동의어가 됨) 위에도, 목장 위에도, 탑문이 솟아오른 역사를 갖지 않은 대평원 위에도, 생기 돋는 도시의 설계도 위에도, 뻗쳐 세운 캠프의 불 꺼진 잿더미 위에도 눈은 내리고 있다. 경작된 적 없는 주성 적토의 고지 위에도, 승전의 트로피처럼 가시가 돋아 있는 수리를 얽은 검은 전나무의 무리 위에도……. 무엇을 말하는가. 그대의 할 일 없는 두 손에 대하여? 개척자의 도끼 위에 이 밤 어떠한 불안한 감미의 뺨을 대었느냐? 눈이 내린다. 기독교 십자가의 등불 위에도 세계의 안내인인 나의 현재……!

엄숙함이 낙엽송의 꿈을 비추는 세계의 어느 지점에서 슬픔은 하인의 가면假面을 올리고 있다.

첫눈만큼은 슬픔의 가면이 되어 주면 좋겠다.

눈 오는 날의 사색

나 혼자 따져 생각한다. 눈의 바다에 둘러싸인 저 모퉁이 방 꼭대기에서 순간의 부질없는 생각을 하는 주인. 증거도 증인도 없는 불쌍한 사람이 있다. 그는 하나의 모과처럼 쓸모없이 버려질 것인데, 언제나 깨달을 것일까? 세계에서 유일하게 중립국에 속하는 '스위스'에서 유학했다는 물건이 도대체 무엇을 배우고 온 것인가? 그의 동창생들은 세계 각지에서 활동하고 있을 텐데, 과연 그를 어떻게 평가하고 있을까? 이 지구상에 오직 하나 분단된 영토 위에서 사는 민족은 한민족뿐이다. 과거에 만주 벌판까지 정벌하며 호령을 했던 광개토대왕한테 고개 숙여 부끄러움을 표하고 싶다. 이렇게 유서 깊은 역사가 있는 우리 백의민족이 어쩌다가 이렇게 불쌍하게 되어버렸는가!

날마다 탄생하는 고장보다도 멀리서 악의 축으로 쫓기면서도 전쟁 준비에 광란을 일으키는 무리가 있다, 이제는 장마당의 생활도 할 수 없고 21세기에 굶어 죽는 사람이 부지기수로 많다고 한다. 이는 독재자의 현실을 보여주는 것이다. 그 땅에서 살 수 없는 사람들은 목숨을 걸고 날마다 다른 갯가로 자기의 배(船)를 끌고 사투를 벌인다. 요즘은 중국의 시진핑 주석도 망령이 들었는지 탈북민들을 잡아서 즉시 북한으로 돌려보내기 때문에, 그들은 돌아가면 총살을 당하든지 아오지 탄광으로 끌려가서 평생을 고생하다 시체가 되어 나오는 실정이다.

판별하기 어려운 사물의 경로를 날마다 더욱더 잘 알기에 나는 모르는 것보다 괴롭다. 그리고 원천을 더듬어 강을 거슬러 오르면 초록의 아름다운 평온과 높은 산에서 나오는 광물 자원 때문에 풍요롭게 살 수 있을 텐데, 갑자기 모든 언어가 힘을 잃어버린 저 땅에도 그들을 깨끗하게 정화할 눈이라도 내려주면 좋겠다.

우리나라 최남단의 아름다운 항구도시 부산에 가 보았다. 눈의 바다에 반나체의 사나이들이 많다. 반나체들의 아가씨들도 많다. 반 정도는 외국인들이었다. 함박눈이 내리는 겨울인데도, 남단에서는 이색적인 풍경이 벌어지고 있었다. 돈만 있으면 참 살기 좋은 나라다. 균형을 깨뜨리면서 값이 없는 단순한 계획을 추구하고 있다. 세계의 아내인 나의 현재여! 세계의 아내인 나의 심려深慮여!

나그네처럼 낮과 함께 초생 수칙水則에서 초생初生월月로 몸을 돌리면서 불확실하고 보조는 탈선적일지라도 나는 미망迷妄의 계획을 가지고 있다. 가장 오래된 언어의 침묵 사이, 가장 높은 음성의 단편 사이에서 가장 먼 언어에 이르기까지 가장 전적이요, 가장, 가장 사소한 언어에 이르기까지, 마치 어제와 내일을 구별하는 말을 갖지 않았던 그 드라비다어처럼 와서 우리를 따르라.

할 말을 갖지 않은 우리는 고대 인류의 어구語句가 흐르는 서자書字법法없는 순수한 지상낙원을 거슬러 오르는 기분이다. 분명히 자랑스러운 것은 세종대왕께서 세계에서 가장 으뜸가는 한글을 창제해 문화유산으로 가지고 있는 것이다. 모음母音자 생략의 두頭 문자文字를 잃은 고대 접두어의 잔재 사이를 우리는 거닐고, 언어학의 훌륭한 작업에 앞서서 이들 전대미문前代未聞의 어법에까지 우리는 우리의 새로운 길을 열어 가고 있다. 정신의 확실한 조짐이 상승할 은총과 감사의 마을이 내가 사는 송림골 마을이다.

우리 집에도, 우리 마을에도 동네의 둘레를 싸고 있는 송림에도 온통 함박눈의 은총이 내려주었다. 사방이 모두 눈을 두른 커다란 백장미 밭이다. 저렇게 깨끗한 풍경을 보고 마음의 때를 벗지 않을 사람이 어디 있겠는가. 갓 잡아온 생선가게의 팔딱팔딱 뛰는 광어나 우럭만큼이나 신선함이여! 자유로운 고장에서 어떤 새로운 식물이 꽃과 열매로부터 우리를 해방시키는가?

지금도 바다를 건널 수 있는 곳에서, 지금도 눈을 건널 수 있는 곳에서, 우리는 이 저녁에 건널 수 없는 하나의 영혼을 건너려 하고 있다. 그 저편에는 거창한 꿈의 피류이 펼쳐지고 있다. 존재가 그 운명을 약속하는 바꿀 수 있는 모든 선이 모여 있다. 이후 이 페이지에는 이제 아무것도 쓰일 일이 없을 것이다. 하얀 눈만 가득 쌓이리라.

겨울의 서정

　겨울의 길목을 성큼 지난 대지는 쇠사슬에 묶이고, 어둠 진 서낭당의 높게 드리운 그 휘장은 마냥 서럽다. 햇살 차가운 날 쓸쓸히 뒹구는 낙엽의 소리는 바람이 되어 허공을 가른다. 공허한 도시의 겨울은 찌들고 메마른 숨결들이 무참히 시들어 버린 그 마음에 수정 고드름을 맺는다. 은은히 퍼지는 캐럴의 선율은 그나마 겨울을 덜 외롭게 한다. 그속으로 첫눈을 밟으며 오선지만큼이나 곧은 철로를 소리 없이 미끄러지는 밤기차에 몸을 담고 미지의 세계로 끌려가는 나의 모습이 보인다.
　어느새 밖에는 별천지가 벌어진다. 세상을 염색해버린 은가루 속으로 어린 시절이 떠오른다. 어린 시절 나는 농어촌과 바닷가가 어우러진 벽지에서 자라 방학만큼은 정겨운 전원의 품속에서 뛰어 놀 수 있었다. 그 때문에 어렸을 때의 겨울은 대부분 한가로운 농촌의 들판에서 아니면 소담스럽게 빛나던 마을 어귀 서낭당 옆 넓은 자리였다. 함박눈이 난무하던 날, 나는 산토끼와 더불어 하루를 보냈다.
　녹은 눈이 얼기 전, 나는 눈 속의 미꾸라지와 술래잡기하기에 여념이 없었다. 수많은 날을 나는 갈비씨로 불리었다. 나는 갈비씨로 불리기 싫어했으나 결국은 갈비씨였다. 내 또래에 유달리 날씬하던 나는 또 다른 콤플렉스가 있었다. 군불이나 모닥불에 뭔가를 구워 먹을 때만큼은 뚱뚱한 그 어떤 누구보다도 욕심을 부리는 편이었다. 회식 자리에서도 삼겹살의 제일 끝판왕은 내 몫이었다. 그래서 내 별명은 먹보가 되었다. 모 국어 교사는 많이 먹어도 살이 안 붙는다고 나를 사기꾼이라는 별명으로도 불렀다.

나는 초등학교 동창인 순이 옆에 앉아서 나만큼이나 날씬한 고구마 껍질을 벗기고, 삶은 콩깍지도 까며 별을 세곤 하였다. 할머니에게 들은 북두칠성이 된 형제도 무척이나 영롱히 빛났었다. 밤이 깊어지면 우리는 동네 어른 집에 모여앉아 밤새 한 핏줄의 정을 나누었었다. 내가 잠이 들 때면 별도 졸린 듯 시들어져 떨어지려 했고, 문풍지 밖에서 이야기를 듣던 삽살개도 졸음을 쫓는 듯 컹컹거리며 기지개를 켰었다.

찐 고구마를 욕심껏 먹다가 체한 나에게 할머니께서는 밤새껏 그 따뜻한 약손으로 배를 문질러 주시며 할머니의 소싯적 이야기를 즐겨 해 주셨다. 문풍지 밑에 작은 유리 조각처럼 빛나는 떡가루가 차곡차곡 쌓이는 걸 보면서 듣던 그 이야기 속의 할머님은 꽤 말괄량이다.

마을 훈장님이셨던 할머님 생신날에는 쓸데없이 읍내 동네까지 온종일 돌아다니며 손님을 청해 어머님께 큰 짐을 안겨드리곤 하셨다. 마지막 남은 암탉을 식구들이 없는 사이에 잡아 닭죽을 쑤었다가 국물도 못 얻어먹고 꾸중만 들었다는 이야기, 시렁 위에 엿이 먹고 싶어 발돋움하다가 엿 단지를 깼다는 말씀엔 배가 아픈 것도 잊고 크게 웃었었다.

이렇듯 내 어린 시절은 추억만큼 이야기가 풍성했다. 그 풍성한 추억만큼 쌓이는 함박눈은 내 꿈이 되어 왔고, 내 정서가 되어 주었다. 내 어릴 때의 겨울은 다정했고, 밍크코트가 아니더라도 따뜻한 난로가 아니더라도 마음을 녹일 만큼 따스하고 포근했었다.

  이제는 그 누구 하나 기억해주지 않는 서낭당의 비련을 잔뜩 안은 채 도시의 겨울 속에서 생각에 잠긴다.

또 한 번 함박눈이 내리면

끝없이 넓은 화폭에 색채 없는 그림을 그린다. 하~얀 것들이 방황하며 흩어지는 사이로, 그 아이의 해맑은 웃음이 아른아른거린다. 그 아이의 모습을 놓치지 않으려고 안간힘을 썼다. 그러면 그럴수록 그 아이의 모습은……. 소복이 쌓인 눈만이 내 시야에 와 박힐 뿐이었다. 야속한 눈~! 나에 대해서 무엇을 안다고 잊지도 않고 찾아와 날 울리나. 이젠 그 아이도 없는데. 이렇게 눈이 펑펑 쏟아졌는데도 오지 않는 그 아이를 날보고 어쩌라고 마음을 이렇게 후비는가? 난 허공에 대고 그 아이를 힘차게 부른다.

중학교 입학해서 처음 아이를 만났다. 홀쭉한 키에 순진스러운 마스크가 그 아이의 첫인상이었다. 하지만 그 얌전한 얼굴로 우스운 소릴 곧잘 하였다. 예술에 소질이 다분하고 말이 적은 아이. 비보다 눈을 훨씬 좋아했지만, 계절은 가을을 좋아한다던 그 아이가 나로 하여금 왠지 모르는 호감을 갖게 하였다. 아마도 나와 일치하는 점이 많아서 일지도 모른다. 아니, 그는 나를 사로잡는 어떤 마력을 갖고 있었는지 모른다.

그 아이는 이 조그만 내 마음속을 시냇물 보듯 들여다보았다. 웃으면 같이 따라 웃고 괴로워하면 같이 괴로워해 주면서, 세상에서 눈물

없는 사나이가 가장 무섭다고 말하던 그 아이의 입술이 내 머릿속에 머문다. 우정을 한 바늘 한 바늘 꿰맬 때도 내리던 눈, 함박눈이 펑펑 쏟아질 때면 오버 깃을 나란히 세우고 누가 먼저 걷자고 한 적은 없지만 둘은 걷고 있었다. 사춘기 사내들의 마음을 울렁거리게 하는 바닷가 모래 벌의 해당화 꽃이 한 폭의 그림처럼 유혹할 때면, 내 손을 잡아 당겨 교정의 무화과 밭으로 가서 오늘은 하교 후에 바닷가로 원족을 가자고 했었다. 그리고 그 특유의 웃음을 지었다. 웃는 얼굴은 늘 시인의 느낌을 주었다. 그런 그 아이의 모습은 흡사 '마리 로랑생'의 소녀와 같았다. 그러한 아이에게 나는 이성 못지않게 신경을 썼다.

하얀 눈이 오고, 길목에 자리 잡은 군고구마 아저씨의 냄새를 내 품에 품고 쪽문을 두드릴 때, 내 마음은 낙서로 얼룩지고 말았다. 그 아이의 눈길까지 겨울이었던 것이다. 나는 온갖 정성을 다 쏟았다. 하지만 찢어진 수채화 한 장을 붙이려고 했던 중학생의 작은 소망은 조각난 보랏빛 꿈이 되어 버렸다. 찢겨진 수채화 한 장이 길위에 뒹굴 때에 비로소 나는 그가 내 곁에서 떠난 지가 오래인 것을 알았다.

그 아이와 함께 걷던 이 길, 지금은 나 혼자 걸어야 하고, 나 혼자만 눈을 맞아야 하나~! 또 다시 함박눈이 내릴 때엔 눈 속을 헤치고 내 이름을 불러주겠지, 하는 기대 속에 겨울을 기다렸는데 함박눈이 스러지고 해당화가 져도 그 아인 소식이 없었다. 그 후 내게는 함박눈도 소낙비도 내리지 않고 해당화도 피지 않았다.

산으로 간 여인

가릴 것이 없으면 온몸을 드러내기가 벅찰 정도의 태양이다. 교정校庭 돌무지 산 위 언덕배기에 아까시 내음만 없었더라도 나는 출근하는 것을 포기했을지도 모른다. 5월의 교정은 내 숨구멍 하나하나를 열어 놓게 한다. 납질의 피부를 가진 여인, 그녀의 허리춤에서 기어 내려온 보기 역겹도록 가는 다리는 나의 태양을 끊임없이 부정하고 있다. 밤이면 피어오르는 내 마음의 뽀얀 안개의 의미를 그녀는 알 것이다. 돌산 앞의 아까시꽃 냄새만 없었더라면 나는 벌써 그녀의 다리를 잊었을 것이다. 그러니까 재작년의 5월, 아까시꽃의 손짓에 나는 그에게로 가고 있었다. 산 입구부터 풍겨오는 향기로 그의 몸짓을 나는 알 수 있었다. 눈 익은 산등성이로 올라가는 길을 걷는 기쁨이 곧 나의 열정 같은 것이었다.

"넌 아까시 꽃냄새만 맡으면 시들해진 사람이 팔팔해지는구나." 라던 친구의 눈짓을 생각해 본다.

사찰의 고풍스런 분위기를 즐기려 올라오던 그녀는 신기한 피부에 이상한 눈길을 품었던 내 마음을 알기라도 하는 듯 했다. 그녀는 조용히 그리고 신비할 정도로 미소를 지었다. 순간, 나의 가슴에 압박감이 느껴졌다. '아차, 잘못이었구나. 그녀 피부 위에 멈췄던 내 눈길, 정말

잘못이었구나.' 순간, 수치심과 자존심이 한꺼번에 출렁거렸다. 산 중턱 암자에 시선을 돌리는 나에게

"선생님도 아까시 냄새를 무척 좋아하나 보죠?"

하고 말을 건네왔다.

"예, 굉장히요."

이 여잔 아까 내 눈길을 모르는 척 해주는구나 싶어 속으로 뜨끔했다.

"저도 이 냄새를 무척이나 좋아했어요."

평화스럽게 말하는 그녀의 목소리는 내 추측을 어긋나게 했고, 내 눈동자가 그녀의 눈동자를 바라보게 했다. 선생님도 이곳을 자주 오느냐고 물으며

"나는 ○○중학교 교사였어요."

라고 했다.

그녀의 말과 그녀가 하는 행동의 의미를 나는 느낄 수 있었다. 사회에서 자기의 역할을 다했다고 생각하는 날, 머리를 깎고 아까시로 둘러싸인 절에 들어가 조용히 지내겠다는 그녀의 눈동자를 보며 나도 옛날 어느 시절인가 신부의 꿈이 있었던 시절이 생각났다. 아까시로 둘러싸인 암자 속의 여승, 이 여잔 정말 소녀 같은 꿈을 가지고 있구나 싶었고 난 그것이 다만 꿈이라 생각했다.

"그래요?"

하며 입술이 웃던 얼굴, 그녀의 손끝이 나의 눈동자를 파괴할 때 나는 하나의 빛을 생각했다. 신체적으로 약하고 자존심이 강한 그녀를 나

는 무척 좋아했다.

　그 공간의 긴 흐름~. 그 후 나는 가톨릭 신자가 아니면서 가톨릭 학교에서 근무하다 보니 갈등이 있었다. 나처럼 자존심이 강한 그녀를 가끔 찾았다. 함께 이야기를 나누면 속이 후련하여 다음 일과에도 도움이 되었다. 그러던 중 그녀가 다른 사찰로 자리를 옮겼다. 절에서는 어디로 갔는지 절대로 알려주지 않는 것이 철칙이있다. 그 뒤로 그녀의 소식을 모른다. 문득문득 그녀가 부르는 손짓에 나는 산으로 가고 싶었다. 난 정말 3년 동안 잘 참은 것 같다. 아까시 내음 속에 그녀의 미소를.

　그녀 미소 속에 나의 가여운 미소가 스며있는 것 같다. 그녀의 아까시를 내 몸으로 만들고 싶었다. 그녀는 지금 어느 절의 여승으로 자비를 베풀고 있을 것이다.

　해마다 5월, 아까시 내음이 풍겨오면 그녀의 미소를 생각한다. 아마도 아까시가 좋아 산에 살고, 산이 좋아서 절을 사랑한 그녀의 포용력 때문인 것 같다. 이제 나에게서 그녀를 떠나보내기 위한 준비를 해야 한다. 그러나 그녀가 내게 준 커다란 의미는 보내지 않겠다.

　신이여, 내가 그녀를 그리워함이 기쁘고, 산을 찾으며 얻은 기쁨으로 살려니 나에게 다른 여건을 물리치고 이곳을 찾게 하여 주소서.

　가끔 산에 올라가면 저절로 미소를 짓게 된다.

나의 꽃, 영춘화

장미나무에서는 어째서 모란꽃이 피지 않을까요. 영춘화迎春花에서는 어째서 개나리꽃이 피지 않을까요. 살아 있습니까. 아직 아무 이상 없습니까. 비가 내리는 이유가 그것 말고는 없습니까. 잘 달리는 사람이 더 빨리 갈까요. 높이 뛰는 사람이 더 높게 볼까요. 갈참나무 위에 대롱대롱 매달린 따분한 마음과 바람보다 삭막한 계절 위에 널려 있는 나의 얼굴은 멀리 하늘을 봅니다. 시간은 연의 꼬리처럼 흔들리며 내 하늘의 무지개를 모두 지워버렸네요. 아직 햇살은 살아 있어 바닷가의 조약돌이 온기를 품고 있네요. 바람은 느낄 수도 없건만 해가 지면, 어디로 가야 하나. 또 무엇을 찾고, 무엇을 잊어야 하나요.

내 속에 계시는 주님, 나는 바다처럼 출렁입니다. 바람이 불어 잊혀지는 일들이 아픕니다. 오늘 밤, 어디에서나 빛이 나고 있지만 내가 있는 이 어둠은 너무 지쳐 있습니다. 내 속에 계시는 주님! 당신이 출렁이기에 나는 생선처럼 비린내가 나고 있습니다. 눈물로 이룬 바다! 이제 눈물은 바보짓입니다. 간이역을 지나버리는 고속전철의 차창에서 바쁘게 지나온 일들을 생각합니다. 다시 돌아가 역 벤치에서 하룻밤이라도 지내고 싶습니다. 꿈은 구름이 되어야 합니다. 잊혀진 기억들이 반역을 할 때 주님, 당신을 만납니다.

눈물과도 같은 주님! 당신은 슬픔의 산이었습니다. 내 속에 계시는 주님! 나는 당신을 만나기 위해 꿈속을 헤맵니다. 당신은 들려주셨습니다. 두 손 모으고 가슴을 털며 간절히, 또 절실하게 마음을 모으면 무엇이 보일 것이라고 들려주셨습니다. 그래서 가슴을 털었습니다.

어느 날 밤, 하늘을 보면서 사람 사는 삶이 뭐가 그리 다를 게 있어 나와 남으로 나누어지고 나중 사람으로 남아야 하나를 생각했습니다. 어차피 빌려 입은 낙엽처럼 맨몸 시린 땅속에서 다시 얼굴 부빌 우리들인데~. 함께 하늘을 보면 나로 고통스러운 그대가 별이 되어 웃고 있고, 나의 희미해진 별빛은 더욱 아득해만 갑니다. 나 아닌 모두들, 하늘 어떤 자리에서 만나더라도 반가운 인사 나눌 수 있습니다. 내 시린 빈 손을 잡아 줄 순박한 별들에게 이 땅에 발을 딛고 있는 나의 바보스러운 욕심으로 더이상 어떤 고통을 맡길 수 있을까요? 어느 어두운 날, 조용히 창窓을 열면 가슴에 안기는 별빛은 하느님 당신의 손길이십니까? 영혼의 날개를 위해 그리고 자유롭기 위해, 준비하는 내 작은 하늘의 동그라미! 끊임없이 처절해지는 추한 모습의 그림이 아니 되려고 허리춤을 추켜올려도 늘 뒷모습이 흔들립니다. 늘 아쉬움이 남습니다.

제각기 흩어지는 별빛~! 그대 눈眼그늘에 비치는 어두운 그림자를, 애써 방황의 흔적을 지우려, 잠들지 못하는 나를 길들이며 환하게 웃고 있답니다. 아직도 버리지 못하는 나를 그대의 별빛에 묻으며, 연약한 날개를 위해 어둠을 부르고 있습니다. 흔들리는 나의 손을 말없이 조용히 잡는 어린 별빛이 있어 나는 행복합니다. 나는 아직도 가슴에 거짓을 숨기고 있습니다.

항상 진실을 생각하는 척하며, 바르게 사는 것처럼 행동하지만 나만은 그 거짓을 알고 있습니다. 나 자신조차 싫어하는 나의 얼굴, 아니 어쩌면 싫어하는 척하며 자신을 속이고 있습니다. 내 속에 있는 인간적이고, 인간적이라는 말로써 인간적이지 못한 것까지 용납하려는 알량한 내가 보여서 괴롭답니다. 자신도 속이지 못하고 얼굴 붉히며 들키는 바보가 꽃을, 나무를, 하늘을 속이려고 합니다. 그들은 나를 보며 웃습니다. 비웃음이 아닌 그냥 웃음이기에 더욱 아픕니다. 언제쯤이면 나도 가슴을 다 보여주며 웃을 수 있을지요. 눈물 나는 것이 고마울 때가 있습니다.

　가끔은 슬픈 얼굴이라도 좋습니다. 맑은 하늘 아래라면, 어쩌다가 눈물이 굴러떨어질지라도 가슴의 따스함만으로도 전해질 수 있다는 것을 진실로 믿겠습니다. 웃음보다 더 큰 슬픔이 내 속에 자랄지라도 웃음만을 보이며 그대를 대하겠습니다. 하늘도 나의 것이 아니고, 강물조차 저 혼자 흘러가고 있지만 나는 나의 동그라미를 그리며 내 삶의 전부를 한 개 점點으로 나타내겠습니다. 지나가는 바람에도 손잡을 수 있는 영혼의 진실을 지니고, 이제는 그대를 맞을 아름다운 꽃으로 남아 환한 모습으로 준비 할 것입니다. 나의 꽃을 위하여 아낌없이 준비하겠습니다.

　영춘화에서 개나리도 피고, 앙증스런 진달래꽃도 필 수 있도록……!

흙

 차는 떠난다. 내 몸을 실은 차는 옛집을 등지고, 뒤에는 많은 가구를 싣고 새집을 향해 떠나고 있었다.
 이사 가기 며칠 전, 식구들이 모두 모여서 저녁 식사를 하는 중이었다. 승늉을 뜨러 가셨던 엄마가 들어오시면서 "웬 비가 이렇게 온다니, 마당이 한강이 되었다."고 하셨다. 정말 비만 오면 마당은 한강으로 변했다. 더구나 장마엔 검정 구두(신발)가 진흙의 무더기로 덮이고 그 크고 넓은 마당에선 지렁이들의 촌이 형성된다.

 "이사 가는 중에 무슨 말이 그렇게 많으우. 마당이 한강 되는 것도 오늘이 마지막인데……."
 아버지께서 이사를 하면서 무척 서운하셨나 보다. 나는 이사 가면 흙냄새를 못 맡아 볼 것이 매우 서운했다. 아버지도 무척 서운하셨나 보다. 흙도 냄새가 나느냐는 내 물음에 아빠는 아주 자세히 말씀해 주셨다. 특히 무더운 여름에 땅이 거의 흰색에 가까워졌을 때 소낙비가 내리면서 풍기는 냄새가 바로 흙냄새다. 그 냄새라면 나도 맡아본 적이 있다. 그런데 지금 우리가 이사 가는 새집은 온통 흰색 뿐이다. 생각해 본 적이 없는 곳이다. 바닥도 흰색, 담도 흰색, 층계도 흰색, 말하자면 아파트인 것이다.

차가 닿은 곳 주위에 빨강, 파랑 등 천연색 기와와 담으로 이루어지고 집이 한가운데 우뚝 솟아 있다. 먼 곳에서도 시선을 바로 끌 수 있는 곳이다. 보통 사람들이 생각하는 대로 아주 살기 괜찮다. 그러나 어머니는 그전처럼 그렇게 괜찮으시다는 말은 안 하셨다. 넓은 뜰을 매일같이 청소하는 일이 어머니의 일과에서 빠졌기 때문이다. 나와 동생도 아침이면 화단에 물을 주고 해가 정상에 뜰 때면 먼지 나는 마당에 물을 뿌려 주던 일이 생략되었다.

어느 날 아버지가 내 키만 한 꽃과 대야만한 화분을 사오셨다. 뒷산에 가서 흙을 잔뜩 담아 오시더니 "이제야 다시 흙냄새를 맡아보는구나" 하시면서 꽃을 심으셨다. 그 모습이 너무 행복해 보였다. 아버지 생신에 내가 선물한 꽃을 대할 때의 모습과는 너무 달랐다. 그때 깨달았다.

'난 아버지에게 아주 중요한 선물을 못 해 드렸구나.'

죄책감이 들었다. 아파트로 이사 가자고 제일 강력히 주장한 사람이 나였다. 어머니는 아파트가 아닌 일반 주택으로 이사가 아담한 화단을 꾸미고 싶다고 했지만 내 의견대로 아파트로 이사한 것이다.

그 뒤 나는, 어머니 아버지 앞에서 크게 한번 웃을 수 없는 마음의 죄를 갖게 되어 사죄하고 싶은 마음 금할 길이 없었다. 그러다가 사죄할 구실 하나를 찾았다. 그것은 베란다에 예쁜 화분으로 조각조각 화단을 꾸밀 계획이었다. 나는 아버지에게 용돈을 받은 다음 날은 아주 작은 종지만 한 화분을 사서 조그마한 선인장부터 심었다. 그러다 보니 하나 둘 화분이 늘었다. 거의 베란다를 메울 정도의 숫자가 되었다. 어느 날

부턴지 베란다에 발을 디딜 때면 야릇한 향기를 맡을 수가 있었다. 흙 냄새와 꽃향기의 조화일지는 몰라도 아주 향기로웠다. 집에 생기가 돌았다. 어머니와 내가 아침저녁으로 물을 준다.

비록 조각 화단이라도 꽃과 나무는 잘 자란다. 그리고 퇴근하신 아버지는 옷을 갈아입기 전에 꼭 베란다 문을 열어 보시는 게 습관이 되셨다. 그리고 환하게 웃으신다. 나도 덩달아 같이 웃게 되어 행복했다. 사람들이 외국으로 이민 가면 흙을 선물로 준다는 말을 이해 못 했던 나였기에 흙의 중요성을 몰랐었다. 하지만 이제는 충분히 이해할 수 있다. 우리 집에 다시 웃음을 안겨준 고마운 흙에 나는 새삼 중요성을 깨달아 우리 흙을 아끼리라 결심했다. 정말 흙에 살고 흙에 묻히리라.

가을과 나

지금 내 눈에 보이는 아침 세계는 뽀얀 안개로 덮여 있다. 이 안개가 걷히면 언제나 꿈속에 잠기게 해 줬던 가을이 소리 없이 사라질 것만 같아 공연히 서글퍼진다. 빨강, 노란색의 단풍이 맘껏 뽐내기도 전에 갈색의 메마른 잎이 되어 하나둘, 땅에 떨어지기 전에는 모른다. 가을~뭔가 애수에 젖은 듯이 하면서도 다른 계절에는 맛볼 수 없는 고독과 가슴이 탁 트일 것 같은 상쾌함을 불러일으켜 주는 계절이다.

중학교 2학년 때의 일이다. 친구들과 술래잡기하며 뛰어노는데 갑자기 가랑비가 솔솔 내리고 있었다. 우리는 묘한 감정에 의해 놀다 말고 노래를 부르기 시작했다. '가을이라 가을바람 솔솔 불어오니…… 내 고향으로 날 보내 주 오곡 백화가 만발한……' 그러다 문득 도스토옙스키의 『가난한 사람들』의 한 구절이 생각난다.
"추억은 기쁜 것이나 슬펐던 것이나 다 우리를 슬프게 한다."
분명 그때 그 친구들과 어깨동무 하고 노래를 부를 땐 웃었고 또 이 세상이 다 내 것이란 생각에 무척 우쭐했는데, 지금 내 마음은 무척 허전하다. 이것이 가을에 영향을 받은 탓일까?
가을이 되면 옛 추억도 생각해 보고, 나의 미래도 꿈꿔보고 그 속에서 조금이나마 나를 볼 수 있는 것 같은 희열에 바르르 떨어도 본다. 그리고 잊혔던 책들의 내용을 다시 한번 그려보고 또 한 번 그때의 흥분 속에서 그렇게 날 사로잡았던 비애의 주인공들에게 쓸쓸히 미소를 던져도 본다. 전에는 관심도 두지 않았던 동화책을 읽으며 동화 속의 왕자가 된 것 같은 착각에 빠져도 본다.

지금 창밖에 보이는 나뭇잎은 메마른 낙엽이 되어 쌓이고 있다. 소녀같이 불그레하고 가장 화려하고, 가장 아름답게 꽃필 때 자기의 몸을 아낌없이 미래를 위해 희생한다. 아마 이것 때문에 난 가을을 무척 사랑하나 보다. 또한 이 모든 화려함이 사라지고 앙상한 가지만 덩그러니 남기 때문에 인생이라는 것을 조금이나마 생각하게 해 준 이 가을에 무한한 정을 느끼나 보다. 조그만 오솔길을 걸을 때 바스락바스락 소리를 내는 낙엽의 음성을 듣노라면 문득 구르몽의 「낙엽」이란 시가 생각나 살며시 읊어본다.

"시몬, 나뭇잎 져버린 숲으로 가자."

벌써 밤이 되고 바람은 우리를 휩쓴다. 이 구절을 여러 번 읊어본다. '나도 낙엽이 될 것이다. 언젠가는……' 다만 바라는 것이 있다면, 아니 나의 발에 바스락바스락 소리를 내는 메마른 낙엽에 속삭여 본다. 나도 모든 이들에게 꿈과 사색을 가득 뿌려주며 조용히 떠나고 싶다고…….

거칠게 바람이 분다. 잘 정돈된 방의 분위기는 날 몹시 흡족하게 만든다. 포근한 맛은 없지만 그래도 깨끗함과 은은한 향기가 나는 것이 날 기쁘게 해 준다.

당시, 한쪽에 단정히 걸려있는 교복을 바라보다가 문득 지난 시간 시간이 아쉽다는 느낌을 가진 적 있다. 그때는 이제 교복을 입을 시간이

약 1년이란 생각을 하니 이룬 것 없이 무의미하게 보낸 지난날의 나 자신이 후회스러웠다. 그때부터 후회하지 않는 사람이 되자고 수없이 다짐했건만 지금의 난 도무지 하나도 실천해 온 것이 없다. 이젠 허탈과 비관 속에서 비굴해지기까지 한다. 나는 스스로 책망해 보기도 한다.

지나간 일들이 주마등처럼 빙글빙글 떠오르면 난 걷잡을 수 없는 실망 속에 휩싸인다. 이런 나에게 밤의 정적감은 내 감정을 더욱 누르게 한다. 보이지 않는 무언가에 억눌린 듯 질식감이 있다. 그럴수록 탈피하고 싶다는 생각과 나를 이끌어줄 누군가를 애타게도 갈망하는 듯 솟는 가슴은 마냥 뛴다. 슬픔이란 단어가 이럴 때 필요한가 보다. 이 슬픔이 경련을 일으키는 영혼, 흐느낌으로 온통 육신을 흔든다. 거울 속에 비친 나의 모습을 바라본다. 순간, 뭉클함을 감출 길 없다. 자신의 힘을 상실한 채 가치 없이 생을 유지하고 있는 나의 영상이 눈앞에 어른거린다.

멀리서 들려오는 교회의 종소리가 나의 머리를 들게 한다. 개 짖는 소리가 몹시도 귀에 거슬린다. 옆에 놓인 기도서를 펼쳐본다. 통회의 기도가 눈 안에 들어온다. 몇 번이고 마음속으로 되풀이해 본다. 그리고 사랑하는 분 앞에 조용히 머리 숙여 무릎을 꿇는다. 맑고 맑은 안개꽃같이 깨끗한 '프란체스카'가 될 수 있도록 빌어본다. 조금 위안이 된다. 그럼에도 슬그머니 밀려오는 이 후회는 무엇인가?

가을에

　나무들의 하늘이, 하늘로 하늘로만 뻗어가고 있다. 반백半白에 노을을 보면 나의 가을은 마치 하늘 가슴 깊숙이 묻은 짙은 사랑으로 갈무리되는 듯하다. 서두르지 않은 한결같은 걸음으로 아직은 지쳐 쓰러지지 않고 있다. 그래도 이제 잊으며 살아야 할 때다. 자신의 뒷모습을 정리하며 오랜 바람 알알이 영글어 뒤돌아보아도 보기 좋은 계절에 닿고 있는가를 생각해 본다. 내 영혼은 어떤 모습으로 영글고 있는가. 순간순간 변하는 조화롭지 못한 얼굴이지만, 하늘에 마음속 열매를 달고 보듬으며, 누군가의 손길을 기다리고 있다.

　산은 자신의 그림자로 짐승들을 울리고, 바다는 깊은 흐느낌으로 조개들의 전설을 만든다.
　낡은 서점의 잊힌 책 속에서 자신의 신화를 캐내는 뼈아픈 민족의 그림자와 손잡고 걸을 수 있는 내 핏줄의 단군 할아버지 산짐승들이 우~우~ 소리 내어 태백산 어귀로 모인다. 가슴에 따스함을 지니고 태어난 풀벌레 소리를 함께 들으며, 그 소리의 전설을 같이 그린다. 함께 피를 나누고 어려울 때 피를 흘린 백의민족이니까.
　산 낮은 구릉으로 모여 상아象牙 하나 가지지 못한 이빨들을 햇살 아래 내어 보인다. 얼마나 눈물겹게 살았나, 얼마나 처참하게 살았나를 돌아본다. 같은 산에서 해가 뜨고 지는 우리는 모두 몽둥이를 휘두르며 돌을 던지며 싸우며 살았다. 그래도 어느 날 처연히 나의 옆자리에 와 눕는 너는 내 형제였다. 어찌할 수 없는 형제.

산 위에서 더 먼 능선을 보면서 살자. 욕심으로 멀어진 거리를 좀 더 높은 데서 멀리 보며 밝게 웃을 수 있는 전설을 남겨 주자. 아득한 우리의 후손 그들만은 싸우지 않는 역사를……!

낮은 꿈을 들고 바닷가에 서서 구르는 자갈처럼 차이다 보면, 한 끼의 굶주림이 주는 의미를 헌 철학 노트에서 찾을 수 없다. 꿈꾸어오던 구름이 아닌 요깃거리를 위해 허둥대다 보면 낮은 꿈은 더 낮은 꿈이 되어 나의 눈물 빛을 지우게 된다. 어디로든 떠나고, 떠나야 한다. 응어리진 설움이 삭을 때까지 낮은 꿈을 지우며, 더 낮은 꿈을 강물에 띄우며 나에게서 멀리 있는 꿈, 이제는 잊을 건 잊고 지울 것은 지우며 살아야 한다.

너, 나 할 것 없이 고통스러운 것이 있다. 아직은 고통받을 때가 아니길 얼마나 원했는지 모른다.

미처 자유롭지 못한 나에게 연약한 날개를 그려주고 그렇게 날아갈 수 있길 하늘이 까매지도록 바랐다. 전혀 깨닫지 못한 아픔이 나보다 크게 부닥쳐 오면 유리창 밖을 지나가는 누군가의 모습은 내 살아온 삶만큼 허전하다. 아무리 뜨거운 돌멩이를 던져도 그는 저만치서 나를 보고만 있다. 내 이 초라한 모습으로 전신을 태우며 날아가는데 영원히 나의 것이 될 수 없는 풀 한 포기, 바람이 불 때마다 쓰러지고 황혼으로 사라진 그를, 나는 온 어둠을 뒤지며 헤매고 있다. 추억의 일기장을 긁어 보면서.

 오래 깨어 있자. 그리고 그의 그리움을 지켜줄 별을 찾자. 하늘 검게 가득 채울 수 있는 내 속의 악동성惡東性으로 나는 그들과 멀어져 있다. 너무 쉽게 말하고 행동하는 그들의 판단에, 또한 쉽게 노출되어 있는 나의 의식은 바람 부는 것만으로도 아팠다. 오래 인내한 것들을 머릿속에서 완전히 지웠을 때 나의 창을 두드리는 별이 있었다. 창을 열어야 할까? 이제 창을 연다는 것이 어떤 의미가 있을까?

 누군가 슬픈 얼굴로 흔들리고 있다.
 조금만 더 슬픈 얘기를 하면, 눈물이 되어 구를 노을의 눈빛을 본다.
 생활에 지쳐 있는 별빛이 먼 여행에서 돌아와 오늘을 접는다. 어제의 한 번일 수 없고 오늘이 곧 내일이라는 보장도 없다. 그리움의 전설은 언제나 이렇게 깊어진다. 내 옆에 처연히 스러지는 퇴색한 얼굴이 떠오른다. 이름이 떠나는 저녁, 누구에게나 건강한 노을은 다정하지만 단호한 표정을 뒤로 남기며 슬픔의 그림자를 길게 끌고 지나간다. 슬픔은 잠시 잊어두자. 사람의 삶이 쉬운 것만은 아닐지라도, 가슴 상처는 항상 비를 뿌리고 아프게 하는 것이다. 올가을에는 무엇이든 하느님의 뜻대로 되었으면 좋겠다.

단풍나무 아래에서

고추잠자리의 깃에서부터 흘러나오는 또 하나의 서투른 계절의 벤치에서 나는 서성이는 오후를 맞는다. 머리 위 강물처럼 연연한 단풍의 어우른 가지들이 구름을 향해 속살거리며 춤을 춘다. 바람이 분다. 단풍잎 사이로 하늘이 내게로 달려온다. 하늘빛이 내린 방향을 따라 환한 영혼을 본다. 황금빛 햇살이 가득히 창가에 부서질 때 나는 10월의 정겨운 고요를 따라 정원의 수신을 보면서 피로해진 마음을, 모가 난 마음자리를 돌아보는 것이다.

일전에 내장산 여행에서 돌아온 '순'이가 부끄러운 듯이 주고 간 소중한 선물 -소라와 산호로 장식된 남자용 목걸이- 을 생각하니 목걸이에까지 내 이름을 새겨준 자상한 그가 불현듯 더 정답게 느껴졌다.
목걸이에는 내 이름이 한자의 전서체로 새겨져 있었다. 내 이름자 중 '영榮'자는 보통 '영英'자로 잘못 쓰는데 '순'이는 틀리지 않게 '영榮'자를 썼다. 내 이름이 실린 책을 모조리 찾아 알게 되었다고 한다. 이 얼마나 알뜰한 마음이냐? 순금은 아니지만 금색을 입힌 고리, 고리 이어진 가냘프도록 가는 이 목걸이 줄은 정말 간직하고 싶은 사랑이 깃든 마음이었다. 물론 그녀의 사랑스런 푸른 사연이 없었더라도 나는 넉넉한 그의 정성스런 마음을 알 수 있었다.

남을 즐겁게 한다는 것이 얼마나 우리에게 소중한 것인가. 조그마한 마음을 씀으로 해서 자기 주변의 분위기를 안온하게 만들 수가 있다. 우리는 그 정성을 느낌으로써 자기를 한번 거울 앞에 내세울 수도 있고 성스러운 하느님의 마음도 가려볼 수 있다. 그리하여 차원 높은 다른 세계가 있다는 것을 알게 될 것이다.

일기를 쓸 때마다 눈망울 곱게 생각 키우는 '순'이가 있다. 지난 크리스마스 때 그로부터 일기장을 받았다. 하루의 기뻤던 일을 즐거이 기록으로 호소하는 장. 그는 항상 나의 마음을 훈훈히 녹여주고 붙들어 주곤 한다. '순'이는 언제나 변함없는 미소로, 아름다운 꿈으로 가득 차 있으라고 나를 위해 기도하듯 대해 준다. 나 또한 그렇게 대하고 있다. 생각한다는 것은 사랑한다는 것과 통한다는 말로 빌어본다.

우리는 무한한 것을 생각한다. 그리하여 인간의 사랑이란 그지없이 무한한 것이고 성스러운 것이다. 우리가 순간순간을 영원히 사랑하고 있는 것이라 하겠다. 어떤 자극에 의한 생각은 순간이나마 진실한 영원성을 가지는 것이라 생각된다. 이 자극은 남에게 감동을 주는 것이라야 한다. 생활을 순화하는 선의의 감동이 필요한 것이다. 거기에는 대소의 구별이 있을 수 없다. 내가 서 있는 이 뜰에 떨어지는 낙엽, 이것 또한 영원을 노래하는 것이리라. 어느 남국의 능선에서 고국의 사연 속으로부터 떨어져 내린 꽃잎을 주워 모아 고국을 향한 향수에 젖었다는 병사, 그에게 조그만 꽃잎은 진정 어떤 마음, 순간에 통하는 영원의 계시였는지도 모른다. 차분한 10월의 높은 하늘 끝, 사색의 구름도 높이 떠다닌다.

물이 그리운 어느 전장의 병사와 마찬가지로 우리 개개인의 마음 마음마다에 향기롭고 정다운 영혼의 물이 부어져야 할 것이다.

낙엽에 마음을 적어 보다

　몰라보게 변해가는 나무들, 나날이 그 운치가 다르다. 낙엽들이 땅에 뒹굴고 있다. 계절도 저문 지금, 창밖으로 고개를 내밀고 밖을 바라본다. 유난히 눈에 띄는 것은 수신이 된 낙엽 무지뿐이다.

　중학교 시절 어느 일요일이었다. 학교에 자습하러 간다고 집을 빠져나왔다. 친구와 통일동산(중학교 때 동산 이름)에 올라간 적이 있었다. 낙엽이 많았다. 그러나 기이한 것은 없었다. 동산을 왔다 갔다 하는 도중 참 예쁜 낙엽을 보았다. 친구들이 서로가 주우려고 덤벼들다가 부서져 버렸다. 그 일로 서로 다투었다. 결국 승부가 없는 경쟁이었다.

　고등학교 1학년 때의 일이다. 학교 바자회에서 낙엽에 글씨 쓴 것을 보고 나도 흉내 낸다고 학교 '연습림'에 들어가서 낙엽을 주워 가지고 와서 흰 글씨를 썼다. 잘 쓰지는 못했지만, 학교에 가지고 가서 자랑도 하고 친구들에게 선물도 했다. 낙엽에 글씨를 쓴다는 것이 멋있었다. 낙엽을 태우고, 활활 타들어가는 낙엽무지 속에서 커피 냄새를 맡고 개암 냄새를 음미해보는 것도 싫지는 않다. 할 일을 다 마치고 수신이 된 낙엽에 정성껏 마음을 써 내려가고 미래의 꿈을 수놓고 있는 젊은이의 소망은 언제나 밝은 것이기 때문이다.

　가장 잘된 소품小品들은 사랑하는 친구들에게 보내고 그중 제일 서투른 솜씨로 만든 작품은 간직해 두었다가 그때의 기억을 더듬으며 나도 젊었을 때는 이런 욕망과 의욕이 있어서 불태워본 시절이 있었다고 되새김할 수 있으리라고 본다. 이렇게 자연은 우리에게 신비와 소망을 안겨주는 창조물이요, 인간의 생태를 비춰보는 가장 솔직하고 귀중한 거울이다.

'예술은 자연의 모방이다.'라는 선인들의 말을 실감할 수 있다.
오늘도 쓸쓸히 뒹구는 가로수 은행잎을 밟으며 별다른 생각 없이 퇴근했지만 그래도 이 계절이 오면 젊은이의 마음은 마냥 신비의 세계로 나들이 간다. 이는 어쩔 수 없는 생리生理인 듯싶다.

잠

인간의 참된 모습을 보려면 잠자고 있는 그 사람의 얼굴을 보라. 그리고 CO_2를 내보내고 O_2를 들어 마시는 호흡을 귀 기울여 들어보라. 자고 있는 동안만은 이 세상 찌들은 곳에서의 해방과 죄악과 공포 속에서 탈피하고 편안하고 아름답고 고귀하게 보이지 않는가? 한없이 숭고하고 천진하게 말이다. 아무것도 바라지도 원망하지도 시기하지도 질투하지도 않고 오직 무아의 경지만을 헤매고 있는 인간의 모습이다. 존경한다. 무한히 존경한다. 모든 죄악을 아물도록 덮어주는 잠~.

어떤 사람은 어린이의 자는 모습을 예찬했지만 나는 그것보다는 한참 변성기에 있는 청소년의 자는 모습을 찬미하고 싶다. 그리고 생활에 찌든 어른들의 모습도 함께 찬미해주고 싶다. 쫓기고 쫓는 세상사의 모든 고난과 역경을 오늘도 무사히 이겨내고 잠을 자는 학생들과 직장인들, 석공들, 농부들, 특히 주부들……. 방황하다 지쳐 쓰러져 자는 청소년들……. '오늘도 무사히'라는 것을 마음속에 새기며 생활하고 있는 운전기사나 그의 가족들이 밤잠을 못 이루고 서로 염려해야만 하는 그들의 생활에서도 꼭 오고야 마는 고달프면서도 예쁜 잠들…….

나는 세상의 어느 것보다도 아름답고 사랑스러운 잠을 잘 수 있게 마련해 주신 하느님께 늘 감사드린다. 밤하늘의 찬란한 별들이 들려주는 옛날이야기에 귀가 익숙해져 잠을 잘 자면서 성장한 우리들 형제들이다. 할머니의 소곤소곤 별나라의 이야기에 나도 모르게 스르르 단잠에 빠졌던 어린 시절이 생각난다. 그때 이야기를 자주 들려주시던 할머니는 결국 별나라로 가시고 나도 따라가겠다고 얼마나 울었던가!

나중에 보니 결국 할머니는 오지 않고 하늘나라로 별을 찾아가신 것이었다.

잠~!
행복하다. 무한히 행복하다. 세상의 무엇과도 바꿀 수 없는 잠. 오늘도 내가 좋아하고 내가 행복할 수 있는 그것을 위해 나는 간다. 무아의 경지를 헤매러 말이다.

추석날 묘지에서

 내가 아는 박 할머니는 밀양 박씨로 우리 할머니와 공통점이 많다. 남편을 잃고 안면도를 찾아 들어왔다는 것과 왕손 자손이라고 자존심이 강한 점들이다.
 섬으로 들어오기 전의 일이다.
 추석날 상석 앞에서 혼자 우는 할머니가 있었다. 소리 죽여 흐느껴 울고 있었다. 풀 세운 한복이 구겨질까 봐 어깨 울음만 우는 것이었을까. 하지만 이내 상석에 떨어지는 눈물이 울음을 표시하고 있었다. 아직도 영감과 젊었을 때 못다 한 사랑이 미련으로 남은 것일까. 가슴에 피멍으로 남아 있는 그 안타까움이 느껴졌다.

 영감, 왜놈의 발에 채이고 매 맞아 돌아가신 영감님, 이제 장독臟毒은 풀리셨나요? 잔 잡아 찰~찰~찰~ 인고의 세월을 바치며 잔 속에 눈물을 흘리는데 향연에 서성이는 그림자~. 바람처럼 흩어지는 그림자~.
 첫날밤 머리와 옷고름을 풀며 구멍 난 창을 병풍으로 가리며, 흔들리는 촛불을 불어 끄며 술기 어린 입김으로 말씀하셨지요. 지금도 잊지 않고 기억하고 계시지요? 아들을 열 명만 낳아서 더도 말고 덜도 말고 열 명만 잘 길러서 가업 잇는 자식, 나라 지키는 자식, 분복分福에 맞는 일을 시키자 하셨지요? 또 청실 홍실 엮으며 더운 입김으로 귓볼을 간질이며 천년만년 살자고 다짐하셨지요.

다짐에 다짐을 굳히면서 날이 새는 줄도 모르고 얼마나 나를 행복하게 해 주셨는지 아세요? 저는 아직도 그날 밤의 행복감을 고스란히 간직하고 살아가고 있답니다. 갓 머리를 틀어 올리고 겨우 당신의 사랑 맛을 알 만큼 가슴이 익어갈 무렵에 하루가 지나는 것이 얼마나 아까웠는지 모릅니다. 당신이 퇴근해서 돌아오는 시간을 기다리는 시간이 얼마나 지루했는지 당신은 모르셨을 거예요. 잠자는 시간도 아까워서 보채고 싶었지만, 아침 일찍 출근하는 당신을 생각해서 얼마나 많이 참았는지 당신은 몰랐을 겁니다. 여자는 남자와 다릅니다. 사랑을 퍼붓고 싶어도 많이 참고 그냥 넘기곤 했답니다. 이제라도 이렇게 고백하니 속이 시원하군요. 이제는 제 가슴도 차가워졌답니다. 자꾸 왜놈들이 머리에 떠올라미치겠어요.

삼삭三朔이 지나 영감님이 잡혀가는데, 독립군에게 군자금을 대주었다고 왜놈 순사에게 잡혀가는데, 영감님은 꽁꽁 묶여 가는데, 하늘은 눈 시리게 맑고 독수리만 빙빙 날고 있었지요. 구름 한 점 없는 대낮~. 가슴에는 먹구름이 끼고 머릿속에는 천둥이 치고, 하늘 높이 비상하는 독수리가 미워서 하얀 고무신을 내던졌지요. 체면이 무엇이고 양반이 무엇이 필요하겠소. 버선발로 내달아 고갯길로, 자갈길로 마구 뛰었습니다. 동네 어귀 솔밭에서 애고애고 엉엉 울었습니다.

영감님은 돌아오셨지만 기어오다, 기어오다 지쳐서 젊은이 등에 업혀 돌아오셨습니다. 얼마나 맞고 고문을 당했는지 온몸에 피멍이 물들어 있었고, 눈은 아예 앞을 볼 수도 없었지요. 옷까지 갈기갈기 찢겨 차마 사람으로서는 눈 뜨고 볼 수가 없었답니다. 신음을 토하고 눈을 감지 못하더니 돌아가셨지요. 신음

하며 "왜놈……으~으~음~……왜놈들…으~으…… …왜놈……으~으~아~왜놈들……"
외마디 외침만 남기고 영감님은 젊은 영감님은 먼길을 떠나셨지요.

칠성판을 잡으니 소용이랴, 상여 줄을 잡으니 소용이랴. 너울너울 상여는 멀어져가고 주저앉아 눈물 사이사이 싸락눈만 흩날렸다. 눈물로 묘역을 돌아보며 돌볼 자식 하나 없어 더욱 서럽게 돌아보며 숨죽여 느껴 우는 할머니는 여전히 세월을 더듬어 인고의 늪을 서성이고 있었던 것이다.

왜놈의 발에 채이고 매 맞아 아픈 만큼 청상의 과부 역시 고통이었다. 뼈를 깎는 세월이었을 것이다. 옷깃을 여민 손을 풀어 봉분을 어루만지는 할머니는 아직도 쏟아지는 눈물로, 아직도 쏟아지는 오열로 봉분을 적셨다. 흐~흑~흑 봉분을 적시는데 기러기 한 마리 북녘으로 날고 있었다.

푸른 계절의 강물이 나이만큼 나루터 언덕에 앉으면 소녀 시절의 새 한 마리 잃었던 길목을 찾아 세월을 물고 온다. 노을 걸린 논둑길 따라 맨발로 뛰놀던 흙내나는 옛이야기가 있다. 웃음빛 햇살 무늬 아래로 황톳길 바람은 무성한 나무숲 머나먼 추억의 뜨락을 돌아나간다. 뒷동산 산자락에 전설로 남아 거닐고 있는 할머니, 어디로 가는 걸까? 설레고 괴로운 가슴앓이 병을 잊은 듯이 저만치서 흘려보내며 돌아서는 계절은 빈손만 흔들고 서 있다. 꿈을 들고 강가에 서서 자갈처럼 구르다 보면 너나 할 것 없이 고통스러운 의미를 하늘 아래에서는 찾을 수 없다. 다만 할매가 가꾸어 오던 소망, 허기 거리를 위해 연약한 날개를 펴고 어디로든 가야 한다. 웅어리진 가슴을 삭일 때까지 못다 핀 꽃잎을 지우며 지금은 할머니에게서 너무 멀리 있는 꿈 잊으며 살아가야 한다.

　노랑나비 날개 치는 오월의 꽃밭. 이파리는 이파리대로 서서 재잘거리는데 나뭇가지마다 햇살이 부서진다. 내 마음의 안방에 미소로 가득 찬 오월의 눈빛. 동네 아이들처럼 치열 사이로 하얀 웃음이 번지고, 할머니가 영감과 수줍게 호롱불을 끄던 그 날의 추억 속으로 침잠해 버린다. 아!~ 누가 뭐래도 오늘 이 시간만큼은 행복하여라.

　박 할매는 안면도로 들어왔다. 모래성에 살고 싶어, 저만치서 노을 싣고 달리는 뱃고동 소리가 그리워 섬으로 들어왔다. 온갖 근심 걱정을 바람으로 실어가는 바닷가의 짭짤한 갯내음. 간간이 지나가는 얼굴은 안개인 듯, 구름인 듯 허물어지는 세월 위로 꽂게 싣고 달리는 통통배의 팔뚝 억센 어부의 그림자~.

　부끄러운 듯이 하루를 모아 마지막 햇살에 부대끼며 살아보는 섬마을 아낙네가 되었다. 그리고 할매는 슬퍼하지 않아야 한다며 살았다. 섬마을에 해당화, 동백꽃의 꽃잎이 지면 울음 먹은 계절이 맨손을 흔들 때 어느새 가슴엔 얼룩진 인생이 내려앉는데, 그렇다고 고뇌할 필요가 없어졌다. 쌓여온 시간은 이듬해의 꽃을 위해 스러지듯이 퇴색한 얼굴 위에 어둠이 들어서도 빛에 살아남아 정원을 일구어 주는 것이 철칙이다. 할매는 강해졌다. 그동안의 계절 앞에 깨닫지 못한 아픔이 깊숙이 오면 꽃잎은 언젠가 져야 하지만 햇살이 흩어지는 하늘 어디쯤에서 허둥대다 사라질 삶을, 아침마다 일어서는 인간이고 싶은 마음으로 살았다.

"여보, 우리들 이 가난한 마음일랑 저 바람에 날려 보냅시다."

"여보, 우리들 이 고통일랑 저 구름에 실려 보냅시다."

"여보, 우리들 이 슬픔일랑 저 빗물 속에 흘려보냅시다."

"여보, 우리들 이 사랑일랑 저 바닷물에 흘려보냅시다."

"여보, 내가 가진 것 모두 버리며 살아도 저 해일보다 벅차요."

"여보, 밤마다 가슴으로 무너져 내리는 해일보다 버거운 아픔을 당신은 아실 거예요."

"여보, 구름에, 빗물에, 바닷물에, 실려 보내고 흘려보내니 당신도 마음이 훨씬 홀가분해졌지요? 왜 진즉 몰랐을까요? 흘려 보내면 홀가분해지는 것을."

"마지막으로 불러볼게요. 사랑해요. 여보~!"

할매의 외침이 파도가 일렁이는 날이면 유독 바람 따라 들려 오는 듯했다.

제3부

바보의 푸념

발견
영원한 문門
사랑을 알았을 때
소녀
'난蘭'이에게
마지막 '희'와의 추억
바보의 푸념
바다에서 바보찾기
분노한 바다
나의 꽃, 어린 천사들
살고 싶은 꿈
성숙해지기
나를 기쁘게 하는 것과 슬프게 하는 것들

발견

오늘 또 하루가 지난다. 다른 집 창에는 불이 꺼져 있다. 싸늘한 공간이다. 창으로 스며드는 바람을 막아줄 것은 아무것도 없다. 거리는 정물화처럼 조용하다. 멀어진 체취를 억지로 가깝게 느껴보려던 환상에서 깨어나니 아귀같은 현실이 눈앞에 있음이 느껴졌다. 바람이 낙엽을 쓸어가는 소리가 넓은 터를 꽉 채운 어둠에서도 들린다. 시계 초침은 할딱할딱 거리며 숨 가쁘게 시간을 먹고 있다. 이런 순간에도 사람들은 저마다의 좌표를 찾아가고 있을 것이다.

지금 눈앞에 보이는 건 오직 검은 정적뿐이고 빛은 서서히 모래알처럼 흩어지고 있다.

정적을 울리는 소리. 둔탁한 성당의 종소리가 멀리서 여러 번 울린다. 문득 누군가가 그리워졌다. 그렇게 그리움은 슬픔을 잉태하고, 슬픔은 앙금이 되어 가라앉았다. 훌훌 벗어 버리고 싶어 모든 것에서 탈피한 진실은 벌거벗은 채 추위에서 떨고 있다. 안식하고 싶다.

마음 속 저변에 깔려 있던 낙엽을 진실이 짓밟는다. 낙엽은 신음소리를 내며 포도 위를 달린다. 이런 식으로 언제부터인지 나의 의식적인 구멍은 생기고 나날이 늘어갔다.

도망간 나의 의식, 그것을 잡아야 한다. 하나하나 떨어져 나간 나의 모든 것을 잡아 서로 붙이고 또 꿰매야 한다. 세월은 시간 초침 위를 달리는데 그때마다 구멍이 하나하나 늘어 간다. 하나가 또 하나와 붙어 큰 하나가 된다. 그래서 벽돌을 쌓아간다. 채워져라, 채워져라. 의식의 벽돌을 소리없이 쌓았다. 그리고도 미흡한 곳은 시멘트로 구멍을 마저 막았다. 속이 빈 탓일까, 뒤틀린다.

"이건 내겐 맞지 않아! 이건 내겐 맞지 않아!~"

확성기에 귀를 댄 듯 매우 큰 함성이 나의 귓전에 와 멎는다. 알았다. 나는 이제 알았다. 떨어져 나간 낙엽의 조각을 찾는 것이다. 찾았다. 나의 하나를 찾았다. 여기도 있다. 넓은 공간에서 좁은 구석에서 하나씩을 찾았다. 여기도 있다. 넓은 공간에서 좁은 구석에서 하나를 찾았다. 멈추자, 멈추자 싼 벽돌을 부수어 낸다. 정과 망치가 나의 구멍을 가린 벽돌 위에 닿는다. 아프다, 아프다.

"아야! 아야!~" 참자, 참자. 비록 뚫린 구멍이지만 그러는 편이 오히려 좋다. 하나와 하나를 구멍에 맞춰본다. 오랜 시간에 걸쳐 맞췄다. 그러나 하나와 하나 사이에 자리 잡았던 조그마한 알갱이가 없다. 그 조그만 알갱이들로 구멍은 잔재를 남긴 채 남들에게 들여다보인다. 싫다, 싫다. 자그만 알갱이를 찾자. 아니 옷을 입어 가려야겠구나. 그리고 찾자. 알갱이는 눈에 보이지 않는다. 지금도 찾지 못했다.

내일도 찾지 못할 것 같다. 나의 고개는 땅으로 떨어진다. 고개를 들어 하늘을 보니, 별이 나를 내려다보고 있다. 나에게 조소를 보낸다. 난

미칠 듯이 뛴다. 무섭다. 하지만 집에 가면 곧 사라질 무서움 같아서 집으로 달려갔다. 어머니를 불렀지만 대답이 없다. 어머니는 주무시고 계신다. 또 불렀다. 어머니는 내 소리가 들리지 않나 보다. 나는 걱정이 되어 일기장에 기록을 해 두었다. 어머니 곁에 누웠다. 이불을 뒤집어 썼다. 어머니의 체온이 나에게로 옮겨진다.

따뜻하다. 나는 알았다. 내가 있을 곳은 바로 여기다. 남들은 조그만 구멍으로 날 볼 수 있지만 어머니는 나의 그것을 못 보신다. 이제야 찾았다. 비록 크지만 나의 구멍을 가리어 주었다. 나는 즐거웠다. 노래를 불렀다. 영원히 어머니 곁에 눕고 싶다. 졸린다. 어머니의 목에 손을 감으면 나를 바라본다. 그래도 졸리다. 눈이 감긴다. 편안하다. 이렇게 또 하루가 지나간다.

영원한 문[門]

나는 그녀에게서 영원을 배운다. 세상은 너무나 짧고 끝이 언제나 가깝다지만, 나는 그녀에게 영원을 배우며 산다. 영원히 사랑하며 사는 방법, 영원히 이별하며 사는 방법, 영원히 기쁨 속에서 사는 방법, 영원히 슬픔 속에서 사는 방법을 그녀는 가슴으로 가르쳐 주었다. 나는 영원만이 있는 저 세상에서 이 세상에 순간을 배우러 왔다. 인생은 짧다기에 나는 전지전능하신 당신에게서 순간을 배우러 왔다. 순간처럼 사랑하며 사는 방법과 순간처럼 이별하며 사는 방법도, 순간처럼 기쁨 속에서 사는 방법과 순간처럼 슬픔 속에서 사는 방법을 배웠다. 내가 다시 영원만이 있는 저세상에 가게 되어 그곳에서 어떤 전능한 분이 나에게 끝과 순간에 대해서 물으시면 인생은 순간이요, 끝이라지만 나는 영원인 그녀에게 배운 대로 사랑이 없는 인생은 끝이요, 순간이더라고 말할 것이다.

그녀가 한 발짝 다가오면 나는 두 발짝 물러난다.
그녀가 다시 두 발짝 다가오면 나는 그때도 모르는 체, 세 발짝 물러난다. 하지만 그녀가 나에게서 한 발짝 물러나면, 나는 세 발짝 아니, 다섯 발짝 달려가 그녀에게 안기겠다. 우리는 지금 두 발짝의 거리가 있다. 한 발짝은 내가 나머지 한 발짝은 사랑하는 그녀가 오면 되는데 그녀는 오지도 가지도 않으니 내가 먼저 두 발짝 다가가 그녀에게 안겨야 한다. 지금 그 자리에만 있어 준다면 우리 인생은 얼마나 행복한 것일까! 그러나 연륜이 흐르면 서로 등지고 코를 고는 습관이 생긴다. 짧은 인생에 행복을 어디에서 찾으려고 하는 것일까?

그녀를 사랑한다는 건 세상을 사랑한다는 것이다. 세상이 이토록 아름다운 것은 그녀가 세상에 있기 때문이다. 세상에서 그녀를 만났기 때문이고, 세상을 살아가는 이유가 그녀이기 때문이다. 그러나 아름다움은 슬픔과 함께였다. 세상이 이토록 슬픈 것은 그녀가 내 곁에 없기 때문이고, 세상에서 그녀를 잃었기 때문이고, 세상을 살아가는 이유가 멀어짐 때문이다. 세상은 그녀 속에 있고 그녀는 세상 속에 있으니 어찌하랴! 세상에 와서 세상 속으로 다시 돌아간 아름다운 사람을…….

그녀는 이슬 같은 총명한 눈으로는 나를 쉽게 외면하지 못할 것이다. 내가 그녀의 가슴속 외침을 들을 수 없어 답답한 날이 몇 날인가. 우린 어쩌면 이대로 헤어질지도 몰라 그녀 마음속에서 나의 모습이 흐려지고 말지도 모른다. '말을 해요. 가슴속 언어言語로 너무 늦으면 후회할지도 모르잖아요? 우리가 무심했다면 정말 미안한 일이지만, 하지만 난 가슴속 언어로 말했잖아요. 그대만이 내 가슴속 모습이고 사랑인 줄 알았으니까요. 그러나 욕망이었어요. 사막 같은 세상 목마름으로 헤매다 보니 내 목마른 목을 축일 욕심 때문에 꽃 한 송이에 상처를 입혔어요. 울지 말아요.'

나는 그것을 허무라고 불렀다. 살아 있으므로 늘 내 등 뒤에서 내려다보며 미소 짓고 있는, 잡으려 해도 잡을 수 없고 놓으려 해도 놓을 수 없는 그것을 가리켜 나는 '그림자'라고 불렀다. 아름다워 다가서면 그녀는 손을 내민다. 나도 손을 내밀어 잡으려 하면 아차, 그녀를 그냥 통과하는 손……. 나는 처음부터 없는 그녀를 만지려 했던 욕심을 보고 '절망의 꽃'이라고 불렀다.

언제나 어리석은 나~. 절망 가까운 곳에 쓰러져 있다. 아픔보다 차라리 우습다. 세상이 나를, 내가 세상을 향해 웃는 그것을 '고향 서녘바다의 애가哀歌'라고 불렀다.

아름다운 바다의 교향악交響樂이 그녀를 생각나게 한다. 그녀를 생각하는 것은 시간을 멈추게 한다. 멈추어진 시간은 나를 슬프게 한다. 아름다운 꽃은 너를 더욱 사랑하라 한다. 너를 더욱 사랑하는 것은 나를 그만큼 버려야 한다. 나를 버리고 그녀를 가득 채우라 한다. 나는 더욱 아름답게 사랑하기 위해 그대를 떠난다. 나는 더욱더욱 깊이 사랑하기 위해 너를 떠난다. 하지만 이것이 진정한 이별이 아닌 것, 이별은 마음으로 하는 것이기에 떠나 있다는 이유만으로 이별이라 말한다면 세상은 모두 이별 속에서 사는 것이다. 사랑하고자 하여 사랑이 오는 것이 아니듯, 이별하고자 하여 이별이 오는 것도 아닌 것은 마치 그녀와 나의 사이에 이별이란 없는 거다. 우리는 각자의 가슴에 주먹만 한 과거가 자리하고 있었다.

늘 후회하고 반성하면서 살았다. 나와 그녀의 가슴에는 네가 있고 내가 있기에…….

사랑을 알았을 때

눈이 맑은 이를 사랑하고 싶다. 산이 높은 이를 사랑하고 싶다. 가슴이 연약한 이를 만나고 싶다. 언제 사랑할지도, 누군가를 위해 사랑에 빠질지도 모르기에 우리는 그래도 설레는 가슴에 귀를 기울여 왔다. 어딘가에서 우연이란 이름으로 나를 찾고 있을 누군가가 아쉬워질 때 외로움을 부둥켜안은 하루가 길다. 나의 얼굴에는 책임질 수 없는 표정들이 많고 고독이 뚝뚝 떨어지는 내 모습을 어둠 속에 꼭꼭 숨기다 보면 사랑이라 불리울 사람이 그냥 스쳐 가버릴 것 같은 마음 때문에 나는 두려움에 힘겨워하고 있다. 내가 원하는 이는 작은 우연으로도 만나지지 않고 나를 안다고 다가오는 사람들이 불편할 쯤에 시간은 자꾸만 제 몸뚱이를 늘어뜨리고 있었다. 아름다운 것은 모두 사랑하고 싶다. 사랑하고 싶은 것은 모두 갖고 싶다. 세상에는 아름다운 것이 그리 많지는 않다. 그래서 더욱 소중한 것이다.

　오래전 나는 참으로 아름다운 사람을 만났다. 그래서 사랑을 하게 되었고, 사랑하게 되면 갖고 싶은 것도 많은 걸 알았다. 아무튼 나는 그 사람의 모든 것을 갖고 싶었다. 나는 그것을 사랑 때문이라고 생각했다. 나는 세상에서 그 사람보다 아름다움을 갖고 있는 가슴을 알지 못하였고 그 사람보다 소중함을 또한 알지 못하였다. 그 사람은 내가 만나본 사람 중에 가장 아름다운 사람이었으며 가장 소중한 사람이었다.

누구나 사랑하는 사람을 한 번쯤은 만나게 되겠고, 그리고 누구나 자신이 사랑하는 사람이 세상에서 가장 아름답고 가장 소중하다고 느낄 것이다.

그렇다. 사랑은 이렇듯 사랑하는 사람을 가장 아름다운 사람이게 한다. 가장 소중한 사람이게 한다. 가장 소중한 것은 눈에 보이지 않는다. 소중한 사람의 기준은 무엇인지 마음으로 보아야 할 것이다. 지금 저기에 아름다운 사람이 기다리고 있다.

그녀를 알리고 싶다

그녀는 미스코리아처럼 키가 크고 얼굴이 아름다운 것도 아니요, 멜로 영화에 나오는 여배우처럼 얼굴이 매끈하게 생긴 것도 아니다. 그저 부잣집 맏며느리처럼 후덕하고 복스럽게 생겼다. 그리고 그 가슴 속에 숨은 진실한 마음씨가 천 길 우물 속에서 피어오르는 꽃송이처럼 아름답고 풍부한 것이 천도화天桃花 같다. 어떤 모습으로든 사랑으로 불려지는 것들은 아름답다. 나는 아직 사랑한다는 것만큼의 기준을 설정하지 못하고 있다. 사랑의 상처를 여러 번 겪어본 과거가 떠오르면 괴로운 밤을 지새우는 경우가 많았다. 내가 사랑한 시간보다 더 소중한 것은 식솔들이었다. 식솔을 위해서 고민하고 번뇌한 시간이 더 많았다. 그리고 누군가가 가까워진다는 것만큼 훗날 겪을 아픔으로 슬픈 일은 없을 것이다.

누군가를 사랑한다는 것, 그것은 나를 가장 아름다운 모습이게 했고 그를 가장 특별한 사람이게 했다. 그를 사랑했을 때 나는 나를 가장 사랑했으며 그가 내 곁을 떠났을 때 나는 나를 미워할 수밖에 없었다.

나는 지금 느낀다. 나를 가장 행복하게 했던 사랑이 나를 가장 슬프게 하고 있으며, 나를 가장 아름답게 했던 사람이 나를 가장 초라하게 하고 있다는 것을…….

나는 알리고 싶다

아직도 그를 사랑하고 있다는 것을 알리고 싶다. 하지만 그는 돌아오지 않을 것이다. 나는 그것을 잘 알고 있지만 끝까지 기다릴 것이다. 아직도 그를 사랑하고 있으므로. 대학을 졸업할 때, 바닷가가 그리울 때, 서울의 매연이 매캐하고, 시골의 밥상이 그리우면 서슴없이 만나기로 약속한 적이 있다. 비 오는 날이면, 우산 없이 경복궁 건춘문 앞에서 만나 3년간 데이트를 한 추억이 있다. 그때 나는 내가 사랑하는 사람을, 사랑하지 않는데 사랑하려 하는 것이 얼마나 무익한 것이라는 걸 누구보다 잘 알고 있었다. 그러면서도 나를 사랑하지 않는 사람을 사랑하지 말았어야 했는데, 사랑하지 않으려 하는 것보다 더욱 사랑하는 것이 내가 가진 운명이라는 걸 어쩔 수 없이 배우고 있었다.

너와 나는 필연적으로 사랑 여행을 떠난다. 합승한 승객은 설레는 마음과 기쁨, 두려움들을 싣고 기차는 너무 빨리 달리고 있다. 너무 빨리 달리는 여행 열차에서 어떤 이들은 금세 이별 역에서, 또 어떤 이들은 결혼 역에서 내렸다. 그러나 나는 아무 역에서도 내리고 싶지 않다. 너와 함께라면 영원히 달리고 싶다. 나를 사랑해주는 사람보다 내가 사랑할 사람을 만나고 싶다. 내가 사랑하면서 나를 사랑해주는 사람이라면 더욱 좋겠지만, 때로는 사랑받는다는 것마저 부담스러움일 수 있고 사랑한다는 것마저 슬픔일 수 있다. 나는 나를 사랑하지 않는 사람조차 사랑할 용기가 없어졌고, 내가 사랑하지 않는 사람에게 사랑받으며 그를 사랑하게 되길, 그를 기다릴 자신도 없기에 나를 사랑하지 않는 사람을 나는 사랑하지 않을 것이다.

    이제야 철이 들었나 보다. 사랑의 진실이 무엇인지 다시 보듬어 본다.

소녀

하늘은 푸르다. 땅 위엔 치솟을 듯 내리뻗은 고목 나무가 가녀린 한 줄기의 빛을 타고 햇빛에 반사되고 있다. 무성한 숲의 우거짐도 초원의 싱그러움도 애틋한 꽃들의 속삭임도 이미 나의 시야에서 사라진 지 오래이다. 고개 숙인 말 없는 저 백합, 채 피지 못한 꽃~. 너도 이렇게 피기까지는 세상의 모든 희로애락을 보았겠지. 어쩌면 너도 나의 슬픔을 저 하늘에 수놓고 싶을 테지. 푸른 빛 색채를 띤 먼 하늘에는 하얀 갈매기가 날고 거기엔 잔잔한 파도와 출렁이는 물결이 마음을 끈다.

끝없는 수평선 사이로 반짝이는 아침 햇살, 그리고 내 가장 아끼고 사랑하던 소녀가 있었다. 그녀는 진정 내 뇌리에서 잊혀질 수 없는 소녀였다. 동트는 아침이면 소녀는 언제나 오두막집 툇마루에 앉아 멀리 수평선을 끊고 지나가는 고기잡이배를 바라보며 누구를 기다리는 양 어느 한 곳에만 시선을 던진 채 쓸쓸한 미소를 띠곤 했다. 그 소녀는 나로 하여금 무인도 외딴 섬의 외로운 소녀를 연상케 했다.

언젠가 나는 바다를 따라 은빛 백사장을 거닐고 있었다. 문득 한 소녀가 내 쪽을 응시하고 있음을 느꼈다. 그 소녀는 수줍음을 머금은 채 내 쪽으로 다가왔다. 우리는 서로 외로운 처지인 것 같아서 금방 익숙해질 수 있었다. 소녀는 창백하고 좀 여윈 모습을 하고 있었다. 그런데 그녀의 모습 중에도 나의 시선이 제일 먼저 간 곳은 그의 진줏빛 눈이었다. 유달리 크면서도 맑은 눈, 지금 생각해 보니 그 소녀를 처음 본 순간부터 내 자신이 그에게 매혹되어 있었음을 그 순간에는 전혀 깨닫지 못한 것 같다. 그곳에서 생활하는 동안 나와 소녀와의 관계는 끊을 수 없는 벗이요, 진실한 우정이었다.

오두막집과 바다를 등 뒤로 조그마한 언덕이 있었다. 그 양쪽으론 맑고 잔잔한 개울이 흐르고 머리 위에선 새들이 지저귀는 정말 낭만적인 곳이었다. 그 누구도 알 수 없는 그녀와 나와의 유일한 안식처였다. 언젠가 이 언덕에서 소녀와 나는 마주 앉아 모래성을 쌓기 시작했다. 모래성이 거의 완성되어가자 둘은 서로 마주 보며 보람과 환희에 가득 찬 미소를 지었다. 그리고 언제나 이 언덕에 와서 우리의 마음속에 고이 간직한 아름다운 이야기를 주고받자고 새끼손가락으로 맹세를 하고 포옹을 했다. 뭔지 모르지만 뜨거웠다. 숨이 막혀왔다. 서로가 참고 이겨냈다. 장한 하루였다. 그러나 그 아이는 누군가에게 말 못 할 고독이 언제나 얼굴을 덮고 있었다. 하지만 말을 하지 않았다. 어느 누구도 탐내지 못할 그 애와 나와의 우정, 우리는 마냥 즐겁기만 했다. 이 언덕에서 우리는 아름다운 설계도를 그리기도 하였다.

언제나 그랬듯이 나는 그날도 그 소녀와 모래성을 쌓던 바닷가 그 언덕을 찾아갔다. 소녀는 보이질 않았다. 점차 시간이 흐를수록 그녀의 진줏빛 눈, 아름다운 눈동자가 그리워졌다. 나타나지 않는 그녀에 대해서 이상한 예감이 들기 시작했다. 전에 그녀가 뇌까리던 말들이 기억 속에서 되살아났다.

"이제 우리 헤어질 때가 되었나 봐. 어머니를 찾아 먼 곳을 가야 해.

하지만 난 네가 좋아. 네가 좋아서 난 내일도 모레도 이곳에 나올 거야, 꼭~."

그녀의 마지막 말이었다. 내 가슴은 뛰기 시작했다. 나는 뛰었다. 모래사장을 달음질쳐 소녀의 오두막집을 향해 뛰었다. 빈집이었다. 여기 저기 소녀를 찾아보았다. 다시 언덕으로 올라가 소녀를 아무리 불러보아도 그녀는 대답이 없었다. 정말 소녀와는 영원히 이별한 것일까? 나의 소리만이 메아리로 울리고 성난 파도는 소녀를 삼키기나 할 듯이 사납게 출렁거린다. 하얀 갈매기는 이제 제 임을 찾기라도 한 듯 저 높은 창공으로 멀어만 간다.

나도 그녀와의 아름다운 추억을 가슴에 꼭 간직한 채, 그 소녀와의 즐겁던 곳, 그 소녀와 내가 흘려놓은 모래성의 냄새를 오래 간직하기 위하여 내 마음의 고향으로 흔적을 남겨놓을 것이다. 이제 나도 어른이 되어서 새로운 길을 걷고 있지만, 지금도 내 가슴 속에는 그 소녀는 잊혀지지 않는다. 지금도 그녀의 진줏빛 눈동자가, 그 까맣던 눈동자가 어른거린다. 그때 그 바닷가 그 언덕에는 나와 소녀가 정성 들여 쌓았던 모래성이 옛 모습을 그대로 간직하고 있을지…….

말없이 뚝뚝 떨어지는 붉은 이파리를 바라보며 추억에 잠긴다. 해는 어느덧 서산을 넘어가고 온 세상에는 어둠이 깔려있다. 이 어두움, 이 속을 뚫고 나의 빛을 찾아야만 한다. 그저 평범한 하나의 밀알이 되기 위해 이 빛은 나의 갈 길을 밝혀줄 빛이요, 내 생의 등대일 것이다.

'난蘭'이에게

나는 그대의 화장기 없는 얼굴이 좋았어. 항상 얼굴에 밝은 웃음과 작은 보조개가 있어 그 얼굴이 아름다웠어. 나의 의미 없던 대학 생활의 하루하루에 악센트로 다가왔던 그때의 기억들……. 추억이 모여 가슴 한구석에 있는데, 이제 잊어야만 하는 너이기에 너를 모른다고 내 가슴에 대고 말하고 말았어. 사랑하는 너를…….

아름다운 것은 아름다운 마음으로 보아야 한다. 멀리 두고 지켜보아야 하는 내 사랑하는 사람, 난이가 아름다운 건 나에게 아름다운 마음을 주었기 때문이요, 스스로 아름다움을 꽃으로 가꾸고 있었기 때문이다. 멀리 있어 가슴으로 더욱 가까운 사람! 진실한 아름다움은 마음이 아름다운 사람이기에 더욱 사랑스러운 그 사람……! 아름다운 마음으로 본 아름다움은 쉽게 잊을 수 없다. 그러기에 아직도 나는 그가 그립다.

서쪽 바다에 노을빛이 잠기면 저 멀리 부지런한 별이 가장 먼저 잠을 깬다. 온 세상 빛을 모아 밤을 죽이고 싶다. 어둠 속에서도 숨을 쉴 수 없는 그리움으로 가득 찬 내 모습이 더욱 초라해지고, '난'이의 모습이 보름달보다도 크게 부각되어 온다. 이때 수억 개의 별만큼이나 내 생명을 조여 오고, 가슴은 이미 그리움에 타버린 연탄재 같은데, 눈동자만은 맑은 수정알이 가득하다. 가끔 그녀를 만나는 데도 더욱 그리워 지는 것은 그녀를 더욱더 알고 싶은 철없는 나의 욕심 때문일까? 아니면 못다 한 미련이 크기 때문일까? 가슴 속 가득 찬 사랑의 소리들이 부끄러움을 참지 못하는 힘없는 꽃들인 것을 이제야 알았다.

나는 졸업하고 학훈단 장교로서 군대에 입대해서 삼 년을 보내야 했고, 가난이 죄라서 좋아하면서도 시간을 갖지 못했다. 그녀의 가슴 속에도 사실은 응어리가 있으리라고 생각한다. 가로등이 고개를 숙이고 그녀의 발 소리만이 내 귀를 감싸는데, 조금만 더 천천히 걷고 싶은 것은 조금이나마 더 견디고자 하는 나의 그리움 때문이다. 하늘에서 가장 밝고 제일 큰 별을 따서 그녀에게 안겨주고 싶은 마음이 있다.

어두운 거리

'난'이와 나의 기억을 길게 그림자처럼 늘려 놓기 위해서 가로등과 일정한 거리를 두고 서 있는데, 땅에 길게 누워있는 쓰러진 그림자 위에 그의 보조개 패인 얼굴이 박혀 있다. 한 발을 움직이면 같이 움직이는 그녀는 내 조그만 가슴에 사랑의 시詩가 되어 눈물 자국으로 새겨지고 있다. '나의 그대'는 내 초라한 눈물을 기억할 수 있는, 내 슬픈 시를 담을 가슴을 갖고 있는 이름이다. 가슴을 뒤져서 가장 깊은 곳에서 내 시간의 뒤쪽에서 가장 쉽게 만날 수 있는 그녀, 그녀와의 시간과 나의 외로움이 나의 욕심이라면 잘못된 것일까!

가슴은 소리치고 있었다. 나는 그의 뒷모습에 대고 표정으로 소리를 지르고 있었다. 붙잡지 못한 가슴이면서도 다시 돌아다 봐주길 얼마나 바라며 그 자리를 지키고 있었는지 모른다. 지금이라도 늦지 않았다고 소리치며 부르고 싶었다. 짧은 헤어짐 속에서도 언제나 나도 모르게 돌아보게 되던 그녀, 이제는 긴 헤어짐을 향해 떠나가며 다시 뒤돌아보지 못하고 있다.

  그가 먼 곳에 있을수록 마음은 더욱 가깝다. 그가 보이지 않으면 더욱 보고 싶고, 가슴은 눈물로 흔들리며 그렇게 아무도 모르게 보고 싶은 대로 아파할 뿐일 것이다. 하지만 이제는 더이상 그에게 다가갈 수 없다는 것을 나는 눈물로 배우고 있었다. 떠나가는 사람보다 남겨진 사람이 더욱 아프다. 처음부터 떠나갈 준비를 하고 왔던 사람이기에 쉽지 않은 뒷모습을 보여줄 수 있었겠지만, 그녀도 가슴속에는 심한 흔들림으로 몇 번이고 망설였으리라.

  사랑할 수 없기에 사랑했고, 사랑했던 것만큼 보내지 않을 수 없기에 붙잡지 못했다. 하지만 그때는 그리워하지 않을 수 없기에 붙잡지 못했다. 하지만 지금은 그리워하지 않을 수 없기에 이토록 아픈 것을……! 사랑이라 부르기로 했다. 같이 있으면서도 사랑이라 부르지 못했던 사람을 이제는 사랑이라 부르기로 했다.

마지막 '회'와의 추억

아침상에 오른 굴비 한 마리를 나누어서 먹다가 그 굴비가 먹기에 벅찼는지 밥상을 발로 밀어 한쪽으로 치워버렸다. 무슨 로미오와 줄리엣이라도 된 듯이 두 사람의 침샘은 뜨거웠다. 마침내 드러난 육신의 비밀과 파헤쳐진 오장육부五臟六腑, 산산이 부서진 살점들은 천길 동굴을 만들고 있었다.

진실이란 이런 것인가? 한 꺼풀 벗기면 뼈와 살로만 수습돼, 그날 밤샘을 처음해 보고 무섭도록 단순해지는 사연을 마치 죽은 살 찢으며 알았다. 상처도 산자만이 걸치는 옷이라고 다짐하면서 더이상 아프지 않겠다는 약속~! 그런 사랑 여러 번 했었다.

찬란한 비늘, 겹겹의 구름 걷히자 우수수 쏟아지는 아침 햇살, 그 투명함에 놀라 껍질째 오그라들던 너와 나는 누가 먼저랄 것 없이, 주섬주섬 온몸에 차가운 비늘을 꽂았었다. 살아서 팔딱이던 말들과 살아서 고프던 몸짓을 모두 잃고 나는 씹었었다. 입안 가득 고여 오는 마지막 '회'야와의 추억을 반추해 보았다.

혁명이 시작되기도 전에 혁명이 진부陳腐(힘든 직장생활) 해졌다.
사랑이 시작되기도 전에 사랑이 진부陳腐(힘든 가정생활) 해졌다.

위의 두 문장 사이에는 어떤 논리적 연관도 없다. 예언자들의 더운 피로 통통히 살찐 밤, 일요일 밤의 대행진처럼 나도 소리 내서 웃고 싶다. 채널을 돌리면 아~차~! 지난여름이 자막과 함께 우연히 흘러가고, 담배 연기가 목에 걸려 넘어가지 않는다. 젊은이들은 모두 만만찮은 얼굴을 하고 있었고, 적들도 우리처럼 지쳤는지 계속 쫑알대고, 빨아 헹굴 어떤 끈적끈적한 현실이 있는 것도 아니지만, 농사 준비에 경운기 돌아가는 소리만 아~ 시체처럼 피곤해지는 밤이 몰려 온다.

나이가 들면 남자는 욕실에서 아내의 샤워 소리만 들려도 무서워 악을 써도 나오지 않는 고독한 신세가 된다. 창살로 바람이 스며들어도 투명 인간이 쓰~윽 일어나 피 묻은 손으로 목을 휘감을 듯이 숨이 막힌다.

도둑맞은 첫사랑이 부패하기 시작하는 냄새가 진동하던 그 여름의 오후, 그것도 세월이라고 기억을 통과한 상처는 질겨서 저기 저 방충망 바깥에서 윙윙대는 모기처럼 기억이 떠오른다. 지금은 더이상 위험할 것도 없는데……. 나오던 땀이 도로 들어가고, 철필鐵筆 끝이 달그락거리고, 요즘은 통 신문 볼 시간도 없이 흐른다. 살아남은 자들은 예언자의 숱 많던 머리칼을 자르고 자기만의 거울을 들여다보는 시간이 길어질수록 책임질 수 있는 것만 책임지려 한다. 바야흐로 총천연색 고해의 계절, 너도나도 속죄받고자 줄을 섰는데…. 그러나 아직도 골방에서 홀로 노래를 만드는 사람이 있다. 바다도, 끓어오르는 산山도, 넘어지고 넘쳐흐르게 시퍼렇게 낮술이 넘치는 시간에 아~ 하~ 바람이 분다. 바람이 불어온다.

　사랑이, 혁명이 시작되기도 전에 진부해져 썩는 냄새를 풍기며, 석류 터지듯 하늘이 벌어지고 떨어진다, 떨어진다. 아~ 누가 있어 밑에서 날 받쳐주었으면 좋겠다.

　사과는 복숭아를 모르고, 복숭아는 포도를 모르고, 포도는 시어 터라진 밀감을 모르고, 이렇게 서로 다른 곳에서 왔지만, 어느 가을날 오후, 부부처럼 만만하게 등을 댄 채 밀고 당기며 붉으락푸르락 '희'야와 나는 한 세상이 아름다운 꿈을 꾸었었다.

　투명한 것은 나를 취하게 했다. 시詩가 그렇고, 술이 그렇고, 어제 길가에서 만난 키가 크고 얼굴이 뽀얘면서 이국적으로 생긴 간호사의 안부 없는 사랑이 그렇고, 통학버스를 접수한 여고생들의 깔깔대는 웃음이 생각나는 흰 종이가 그렇고, 창밖의 비가 그렇고, 빗소리를 죽이는 강아지의 컹컹거림이 매일 되풀이 되는 것이 그렇고, 어머니의 넋두리가 그렇다.

　누군가와 싸울 때마다 나는 투명해진다. 치열하게 침을 토하면서 나는 투명해진다. 아직 건재하다는 증명일 것이다. 아직 진통할 수 있다는 증명일 것이다. 아직 살아 있다는 무엇일 것이다. 투명한 것끼리 투명하게 싸운 날은 아무리 마셔도 술이 오르지 않는다. 언제부터인가 '희'야를 의식하면서 나는 문장을 꾸미기 시작했다. 피 묻은 보도블록이 흑백으로 편집돼 신문사에 발송되었다고 일기장에 씌어 있다.

푸른 하늘은 그냥 푸른 것이 아니고, 찔레꽃은 그냥 하얀 것이 아니고, 풀이 눕는데도 순서가 있어, 강물도 생각하며 흐르고 글을 쓸 때도 힘을 줘서 제 발로 걸어 나오지 않으면 안 된다. 나의 봄은 원래 그런 것이 아니었다. 그렇게 가난한 비유가 아니었다. 하늘, 꽃, 바람, 풀 무엇 하나 버릴 것이 없다. 그리고 마침 천천히 움직이던 구름이 비를 준비하는 것 같다. 꽃지해수욕장 앞 모래 언덕 위에 있는 적송 밑에 우거진 갈참나무 무더기 웅덩이 사이에서 '희'야와의 사랑을 배웠던 그날도 오늘처럼 비가 내리고 있었다. 비와 어우러진 여름은 나에게는 하나의 푸짐한 장난감 같다. 대학시절에도 비가 오는 날이면 자동적인 약속으로 경복궁 건춘문 앞에서 만나 데이트를 하던 '옥玉'이가 있었다. 그때 우린 우산을 필요로 하지 않았다. 비에 흠뻑 젖은 몸에서 풍기는 향기가 좋다고 서로가 하얗게 웃곤 했었다.

잘나면 잘난 대로, 못나면 못난 대로, 마음대로 바라보며 갖고 놀면 어느새 하루가 뚝딱하고 가버려 배고픈 것도 잊었다. 가난은 상처가 될 수 없고, 사랑이란 말만 들어도 가슴이 뛰던 어리고 싱겁던 나의 여름(젊음)을 돌려다오. 원래 내 것이었던, 원래 내 자연(自)이었던 그 깃털을……!

바보의 푸념

시계 소리만이 요란하게 내 귀를 울릴 뿐이다. 아무것도 내 주변, 아니 지금 이 시간에는 일어나지 않을 것이다. 참으로 너무 조용한 밤이다. 깊어만 가는 사색의 밤이다. 나는 이런 밤을 사랑한다.

사람이 죽어도 소란이 일어나지 않을 만큼 고요하다 못해 적막하다. 모두들 떠오르는 해를 위해서 지금은 아름답고 달콤한 꿈나라로 갔다. 난 지금, 나를 생각한다. 시계 소리가 점점 커진다. 난 어제도 느끼고 오늘도 느꼈다. 허탈감에 젖어 서글픔을 내일도 느낄 것이다. 지금 이 시간에 어떻게 해야 하는지도 모르는 바보다. 그래서 무엇을 어떻게 엮어야 할지, 밥을 먹어야 하는 건지 아니면 웃어야 하는 건지도 모르는 것이다.

나는 예부터 나와 같은, 아니 같지 않아도 바보 찾기를 원했지만 역시 찾지 못한 못난이가 되었다. 오늘 밤에도 허탈감에 젖어야 하나 보다. 길고 짧은 것은 대봐야 알 듯 인생은 경험해봐야 무엇인가를 느낄 것이다. 그러기에 미숙한 바보는 무엇이 인생인지 생각하려 해도 한정된 범위 밖에는 더 생각해 낼 수가 없다. 인생은 너무 험한 바다 위를 항해하는 것이고, 맹수들이 우글거리는 밀림을 지나야 한다.

저 넓고 태양이 가득 비치는 초원을 가기 위해서 모든 고통과 갖은 괴로움을 달게 받으며 걸어야 한다. 가다 보면 동료를 만날 것이다. 손도 잡아주고 위로도 해 줄 수 있는, 나를 대신할 수 있는 스스로를 먼저 찾아야 한다. 찾기 전에 길을 가다 보면 함정과 유혹이 많이 기다릴 것이다. 하지만 무작정 가라. 성실하게 힘을 다해서, 기쁨의 숨소리가 귀에 들리고, 드넓고 행복이 가득한 초원이 보일 때까지……. 푸른 하늘 위로는 멍청이 가득한 바보의 푸념이 있다.

어떤 만남

초가을이라고 생각된다. 그러니까 시월 중순 나는 친구의 권유로 근교 교회에 찬조 출연한 적이 있었다. 비록 노래는 부족하지만 반응은 좋았다. 그러나 집으로 향하는 내 발걸음은 무거웠다. 거리의 불꽃이 하나둘 꺼져 가고, 발끝에 차이는 것은 차디찬 돌맹이뿐. 나는 허탈감에 깊이 빠져들고 있었다. '자기 일도 처리 못하면서 찬조까지 해?' 약간의 비소가 나 자신을 괴롭혔다. 이런 생각을 하면서 얼마쯤 갔을까. 앞으로 내 시선에 들어오는 사람, 책가방을 메고 내 앞으로 걸어오고 있다. 자연스러웠다. 그 학생은 어딘가를 빨리 가려고 발걸음을 재촉하는 모양이었다. 그러다 내 앞에서 문득 발걸음을 멈추는 것이었다.

"저~ 지금 몇 시쯤 됐어요?"

억양이 매우 순진해 보였다. 그냥 지나쳐 버릴까 하다 길에서 노는 건달 학생과는 다른 것 같아서 "00시에요." 하고 대답을 했다. 그리곤 다시 가는 길을 가는데 우연이었을까 나는 그가 가는 길로 가고 있었다. 아까 교회서 불렀던 노래를 흥얼거리며 터벅터벅 집 근처까지 왔다.

내 노래에 그 학생은 놀랐을 것이다. 내 노래를 들었다고 생각하니 창피도 하고 은근 화가 났다. 아무 말 없이 그냥 지나칠 수가 없는 난감함과 어처구니가 없는 감정이 복합적으로 일었다. 시간도 늦었고 나는 무척 신경이 곤두섰다. 그 순간, 다시 교회에서 노래할 때 내 책임도 못했다는 비웃음이 느껴졌다. 물론 순전히 소심한 내 느낌이다. 그런데 이 학생도 내 노래를 들었다고 생각하니 감정이 복잡해졌던 것이다. 그래도 헤어질 순간이 왔다. 인연이 있으면 또 만나겠지 싶은 순간, 그 학생이 갑자기 가방 지퍼를 쭉 열더니 공부하다 먹으려고 사둔 거라며 귤 하나를 내밀었다. 난 귤을 받고 싶은 마음이 없었다. 그런데 귤을 받았다. 그건 그 학생이 부득불 주었기 때문. 받은 귤을 던졌다 받았다 하며 흥얼거리며 집 앞에 도착했다.

달과 별이 환하게 웃어 주는 것 같다. 모두 잠을 자고 있겠지. 아무도 모른다. 나만 기억할 일이 생긴 것이니까.

바다에서 바보 찾기

거친 숨결을 몰아쉬던 포도鋪道의 열기가 점점 식어간다. 이젠 제법 스산한 바람이 숨구멍을 꼭꼭 닫아 놓는다. 한기寒氣는 사정없이 내 몸을 휘감고 마돈나를 외치던 혀 꼬부라진 소리도 점점 멀어져 간다. 가을이 항상 쓸쓸함의 첨경으로만 여겨지는 것은 아마도 한 가닥 남은 자취가 발하는 최후의 열기인지도 모른다.

이층집의 담쟁이덩굴이 내 눈을 현란하게 한다. 인생철학을 떠들어대던 친구들의 음성이 윙윙거린다. 민감하게 발달된 시신경 덕택으로 나는 누구보다도 매서운 성격을 소유할 권리를 얻었다. 낭만을 동경하게 되었고, 흙냄새를 그리워하게 되었다. 군밤이 터지던 화롯가가 역겨워 내 생각들을 뒤흔들어 놓는다. 사색에 항상 굶주렸고, 자연의 노예가 되었지만 그래도 자연의 품에 꼬옥 안기고 싶은 갈망은 무엇을 의미하는 것인지…….분필 가루를 날리는 흑판을 역겨워했고 인생은 어떻고, 철학은 현시대를 살아가는 능동적인 자세를 외치던 입들도 나는 역겨워했다. 비릿하고 짭짤한 바다 내음에 묻히고 싶다. 밤나무, 감나무, 오동나무, 벚나무, 개암나무, 쪽나무 등이 어우러져 있던 내 고향이 더욱더 날 못 견디게 한다.

인간은 한없이 자연을 갈망하게 마련인가 보다. 나약한 점을 은폐하기 위한 어울리지도 않는 강자인 척하는 것이다. 난 역시 평범한 인간으로 살아야만 할까, 지금 이 시간에 어떻게 해야 하는지도 모르는 바 보다. 무엇을 어떻게 엮어야 할지, 밥을 먹어야 하는 건지 아님 웃어야 할지 모르는 것이다. 나는 예부터 나와 같은 아니, 나와 같지 않아도 바보 찾기를 원했지만 역시 찾지 못한 못난이가 되어버렸다. 그래서 오늘 밤에도 바보처럼 울어 예는지도 모른다.

　길고 짧은 것은 대봐야 알 듯, 인생은 살아보고 경험해봐야 진정한 인생이 무엇인가를 느끼나 보다. 그러기에 미숙한 바보는 무엇이 인생인지 생각하려 해도 한정된 범위 밖에는 더 생각해 낼 수가 없다. 인생은 험한 바다 위를 항해하는 것이다. 또 맹수들이 우글거리는 밀림을 지나야 한다. 저 넓고 태양이 가득 비치는 초원을 가기 위해서는 모든 고통과 모든 괴로움을 달게 받으면서 걸어야 한다. 가다 보면 동료를 만날 것이다. 손도 잡아주고 위로도 해줄 수 있는 나를 대신할 수 있는 사람을 스스로 능동적으로 찾아야 하겠다. 가다 보면 함정과 유혹도 많이 기다릴 것이다. 하지만 무작정 가기로 했다. 성실하게 힘을 다해서, 기쁨의 꿍 소리가 귀에 들리고 드넓고 행복 가득한 초원이 보일 때까지…….

　내 고향 서녘바닷가에는 온통 내 기억으로 넘쳐난다. 어려서부터 고교 시절의 풋사랑부터 대학 시절의 친구들과 얽히고설킨 사연들이 바닷물처럼 넘실대는 곳이다. 바다의 소라 껍질은 나의 귀가 되어 울려주고 흰 백합(조개)은 못다 한 사랑 이야기를 줄줄이 엮어준다. '자'야의 이야기가 묻혀 있고 '숙'이의 피울음 가슴이 남아 있는 곳이다. 나는 항상 이 서녘바닷가에 서면 지난날의 미련으로 가슴앓이를 해야 한다. 스스로 판 무덤을 덮을 수 없는 바보는 오늘도 빈 지게만 지고 휘청대며 걸어간다. 걷고 또 걷는다. 결국 바보의 푸념이다.

분노한 바다

우리 한반도를 둘러싸고 있는 바다는 한류와 난류가 교차하고, 대륙붕과 굴곡이 심한 해안선이 잘 발달되어 다양하고 풍부한 해양식물이 서식하기 때문에 세계에서 보기 드문 수산 자원의 보고로 평가받고 있다. 특히 서·남해안에는 3천여 개의 크고 작은 섬들이 어우러져 거대한 해상공원을 이루고 있어 이곳은 우리 민족에게 따뜻한 남쪽을 연상케 하는 마음의 안식처가 되고 있다. 그러나 이제 이 바다가 우리에게 분노하고 있다. 지난 수십 년간 우리가 이룩한 물질적 풍요를 비웃기라도 하듯 거대한 핏빛 덩어리와 수천 톤의 물고기 사체를 우리에게 여지없이 드러내 보이고 있다. 적조赤潮 현상이란 오염물질이 육지로부터 바다로 흘러들어 지나치게 수온이 급격히 상승하여 식물성 플랑크톤이 일시에 폭발적으로 번식하면서 바닷물이 검붉게 변하는 현상이다. 적조가 발생하면 바닷물에 용존 된 산소가 급격히 감소한다. 그러면 황화수소, 암모니아, 메탄가스 등의 유해물질도 함께 발생하기 때문에 부근 해역에 서식하는 어패류는 떼죽음을 당하고, 특히 생물이 밀집하여 서식하는 양식장에는 치명적이다.

또한 적조 때 번식하는 식물성 플랑크톤의 대부분은 사람을 포함한 모든 동물을 죽일 수 있는 독소를 품고 있기 때문에 적조해역에서 잡은 어패류를 먹은 경우 사람의 생명을 빼앗아 갈 수도 있다. 실제로 남미

과테말라에서는 적조 시 어패류를 먹은 사람 26명이 집단 사망한 사건이 일어난 적도 있다.

우리나라 연안에서 적조 현상이 처음 기록으로 보고된 곳은 1962년 경남 진동항구이다. 그 후 1970년대 중반까지는 진동항구나 마산항구와 같은 일부 폐쇄성 남해 연안에서 여름철에 소규모로 발생하여 일주일 지속하다 그치는 정도였다. 이때 번식한 식물성 플랑크톤은 독성이 없는 규조류였기 때문에 피해규모는 비교적 적었다. 그러나 1981년 7월에 부산, 진해, 충무, 일대에서 적조 때부터 맹독성의 편모조류가 나타나기 시작하였고, 피해도 수십억 원을 넘게 되었다. 그 후 지금까지 매년 지금까지 남해안 곳곳에서 발생해 왔으며 시기도 여름한철이 아니라 4월부터 10월까지 확대되었다.

1990년에는 비교적 청정해역으로 알려진 제주도 해안에도 적조赤潮가 발생하였으며, 이번에는 동해의 울진 앞바다까지 적조가 확대되었고 피해액도 5백억 원을 넘기게 되었다. 우리는 엄청난 피해를 당하면서도 아무 대책 없이 태풍이라도 와서 씻어가 주길 바라고 내년에는 무사하기만을 바라는 신세가 되어 있다.

적조현상을 일으키는 직접적인 원인은 유독성 플랑크톤을 폭발적으로 번식하게 하는 해수 조건이다. 성장에 필요한 영양물질이 해수에 풍부하고 수온이 적절할 경우 유독성 적조 플랑크톤은 천문학적인 숫자로 늘어나고 그 해역은 일시에 독수대毒水帶로 변하게 된다. 육지에서 버려지는 생활하수와 공장폐수가 이 조건을 만들어내고, 농경지에 뿌려지는 비료와 축산 폐수도 바다에 유입되면 적조생물이 성장하기 좋은 영양물질이 된다. 그 외에도 바다에 유입되면 적조생물이 성장하기 좋은 영양물질이 된다. 그 외에도 바다에 버려지는 수많은 쓰레기, 선박폐수, 양식장 사료 등도 주요한 원인이 된다. 적조 현상이 나타난 후의 대처방안으로는 발생 초기 때 해역에 화학 약품을 살포하여 적조생물을 죽이는 방법, 적조생물을 직접 해수면에서 여과하여 회수하는 방법, 그리고 점토나 고분자 응집제를 이용하여 적조생물을 흡착 또는 응집시켜 침강시키는 방법 등이 있으나 현재로는 경제성과 효율이 낮아 실용화되지 못하고 있다.

지금까지 매년 반복되고 증폭되는 적조현상을 겪으면서 우리는 무엇이 결정적 요인이 되는지 파악조차 못하고 철따라 지나가는 자연현상으로 간주해 오고 있다. 이를 규명하기 위한 연구도 제대로 이루어지지 못하였으며 밝혀진 사실도 별로 없다. 또한 적조 때 우리나라 해역에 실용화할 수 있는 대처 방안도 연구되지 않고 있다. 지구촌의 리더가 되자는 세계화도 중요하고, 국가경쟁력도, 정보화도, 노벨상도 중요하다. 그러나 이 모든 것을 다 얻는다 해도 조상 대대로 살아온 삶의 터전을 잃어버리면 무슨 소용이 있겠는가?

지금이라도 우리는 이 분노의 핏빛 바다가 무엇을 말하는지 겸허하게 받아들이고 우리가 추구하는 우선순위를 다시 한번 검토해 보아야 하겠다.

나의 꽃, 어린 천사들

선생님이란 자리에 있는 꽃병은 늘 외롭습니다. 아이들은 받는 것에 익숙해져 있습니다. 모두가 어렵게 살던 시절엔 가난하다는 것으로 눈물 흘리던 날들이 많았습니다. 또 어쩌다 매를 맞는 일이 생길 때 그것에조차 익숙해지면서 신경이 날카로워지는 아이들이 많습니다. 예민한 화풀이를 선생님에게 해야만 하는 아이들도 있습니다. 선생님은 매를 들더라도 마음 속에 한 송이 장미꽃을 피울 수 있어야 합니다. 그래야 모두를 사랑할 수 있지요. 오로지 용서만 할 수밖에 없는 힘없는 작은 아이도 있습니다. 때로는 크리스마스에도 돈벌이를 하러 가는 용기를 내야 하는 아이들도 있습니다. 나는 아이들을 다 헤아리며 그 마음 속에 꽃송이를 다 주지 못함이 슬프답니다.

신사임당이 주는 나뭇잎 한 장이면 동물원 구경을 할 수 있습니다. 검은 표범이 늙은 암탉에 지나지 않는다는 걸 어린 고관댁 아드님한테 얘기할 수도 있지만 그건 아무런 의미가 없었습니다. 가슴 속에서 노래를 부르던 새가 날아간 뒤 또 다른 구름이 피는 것을 본 가슴이 있습니다. 그 가슴엔 어떤 아픔을 홀로 삭이고 있을까요? 나무를 올려다보며 꿈꾸던 아득함으로 자라는 눈물도 있습니다. 눈물을 속으로 삼킬 때 가슴이 막혀 넘길 수 없어 외로움이 배고픔으로 오는 아이들을 볼 때는 더 이상 바라볼 수 없었습니다.

내 가슴도 아픕니다. 아픈 건, 나무 때문도 아니요, 길 때문도 아닙니다. 아이들의 눈망울 때문만도 아닙니다. 더 나눌 수 없는 허한 마음입니다. 가슴 깊숙한 곳으로부터 허물어진 허무함이 몰릴 때가 있습니다. 하느님의 인자하지 않음으로 가난한 아이들을 울리고 모두를 바쁜 삶 속에 가난한 아이들을 외면하여 홀로 노래 부르게 하는 슬픔이 아픕니다. 그로 인한 아픔이기에 아늑한 나무 그늘도 나를 달랠 수 없습니다. 하느님은 아직도 지켜보고만 있습니다. 어떻게 이해하여야 하나요?

원망하지 않지만 슬픔이 느껴지는 하늘, 나의 꽃들이 아른거립니다. 사랑의 힘을 믿고 싶다는 간절한 마음으로 하늘을 바라보며 그대를 그리워했습니다.

어젯밤 꿈속에서 하늘의 그대와 대화를 했습니다. 그 모습 그리며 실실 웃다 오늘 아침에 돌을 씹었습니다. 그대에게 가는 마음 한끝에서 콱! 깨물며 태어난 눈물 한 방울이 생각에 미쳐 詩가 되고 시가 미쳐 사랑이 될 때까지……!

하느님 아버지 여기 제가 왔습니다. 당신이 불러주지 않아도 이렇게 와 섰습니다. 제게 주어진 시간을 빈틈없이 채우고 마지막 셈을 마쳤으니 부디 오늘 밤은 그대와 시간을 갖게 해 주십시오.

제 것이 아닌 시간도 가끔씩 넘보며 훔치며 짐을 쌓다 풀었다 한세월 놀다가 갈려고 합니다. 지상에서 제가 일용할 양식과 일용할 이름과 날마다의 고독과 욕망과 죄를 한꺼번에 돌려드리니 부디 거둬주시죠. 당신이 보여주신 세상이 제 맘에 들지 않아 한 번 바꿔보려 했습니다. 그 뜻이 하늘에서처럼 땅 위에서도 이루어지지 않아 당신이 지어내고 엮으신 하루가 밤과 낮으로 나뉘듯 취했을 때와 깰 때 세상은 이토록 달라 보일 수 있다니 앞으로 보여주실 세상은 또 얼마나 놀라울까요? 하느님 아버지, 제가 여기 왔습니다. 숙제 끝낸 어린애처럼 이렇게 손들고 섰습니다.

부디 그대와 사랑의 힘을 가질 수 있도록 해 주십시오. 사랑의 힘은 커피를 끓여 넘치게 하시고, 죽은 자도 무덤에서 일으키고 촛불을 춤추게 하는 강한 힘을 가진 것이 아닙니까? 사랑이 아니면 밤도 밤이 아니요, 술잔의 향기도 모으지 못하고, 종소리도 울려 퍼지지 않을 겁니다. 그림자는 언제나 그림자로 남고, 나무는 나무 그대로, 바람은 영원히 바람, 강물은 언제나 강물이라면 세상은 삭막해서 살겠어요?

사랑이 아니라면 겨울은 뿌리째 겨울일 테고, 꽃은 시들 새도 없이 말라 죽고 아이들은 옷을 벗지 못할 것입니다. 머리칼이 자라나고 초승달을 부풀게 하는 사랑이 아니라면 처녀는 창가에 앉지 않고 태양은 솜이불을 말리지 못할 것이 아닙니까?

석양이 문턱에서 서성이고 베갯머리 노래를 못 잊게 하는 그런 사랑이 아니라면 미인은 늙지도 않을 것이며, 나의 아름다운 꽃도 피지 않으리라……! 여름은 감탄도 할 시간을 주지도 않고 시들고 아까시는 독을 뿜을 것입니다.

한밤중에 기대앉아 바보도 글을 짓고 멀쩡한 사람도 미치게 하는 정녕 사랑이 아니라면 아무도 속아주지 않을 사색의 시간이랍니다. 책장의 먼지를 털어내고 역사를 다시 쓰게 하는 시간은 사랑이 아니면 계단은 닳지 않고 아무도 문을 두드리지 않을 것입니다. 커피를 끓여 넘치게 하고 죽은 자를 무덤에서 일으키게 하고, 촛불을 춤추게 하는 그런 사랑을 하고 싶습니다. 나의 아름다운 꽃들을 위해, 나의 어린 천사들을 위해 사랑만으로 그대의 힘을 얻고 싶습니다.

살고 싶은 꿈

거울 속 앳된 얼굴에 미소 짓는 여학생의 보조개가 예쁘다. 풍부한 가슴을 열어놓고 지분을 바르며 거울로 얼굴을 감상하는 부인네들~. 나에겐 이런 한가한 얼굴 감상은 없다. 내가 거울을 보는 것은 늦잠에 잠겨 있다가 기상나팔 소리에 놀란 병사처럼 황급히 일어나 물에 빠졌던 개가 털을 털듯이 후다닥 세면을 해치우고 세 개 조금 더 남은 머리칼이나마 고르느라 잠깐 대할 뿐이다. 그러다보니 내 모습을 어떤 제2의 내가 냉정히 객관적 위치에 서서 투시해 본 일도 없다. 보나마나 박봉에다 과중한 노동량에 짓눌려 학생 외는 모두가 두렵다는 협량함 밖에 없는 늑대 낯짝 같은 것이 나의 모습이 아닐까 싶다.

교육이라는 성직과 같은 명령에 홀려, 신다 버린 운동화같이 초라해져만 가고 있는 꼬락서니가 나의 청춘이다. 한 해 한 해 쓰잘 데 없는 정에 이끌려 밤낮을 모르고 뒤치닥거리 하다가 빈 하늘만 쳐다보는 승냥이 꼴이 된 것이 나의 현실이 아닌가 싶다. 아무리 가진 것 없어도 건강과 양심과 그리고 남에게 마음을 얻을 정도로 현실적으로 살아왔다. 때론 그런 내가 밉기도 하다.

학급 아이들이 환하게 웃고, 승준, 혜선, 성문이가 건강하게 잘 자라는 모습을 보면서 정을 붙이고, 살림은 가난하지만 난 행복하다고 여겨 왔다. 하지만 이발소 거울에 비친 야심스런 내 얼굴보다 언젠가 대전에서 서울로 달리던 밤 열차의 검은 유리창에 비치던 내 얼굴이 더 좋아진다. 그것은 화려한 얼굴도 아니고, 오만한 얼굴도, 근심 어린 얼굴도 아니었다. 겸손하고 고독하고 사랑하고 동심 어린 얼굴이었다. 근심 걱정은 더더욱 없는…….

야간열차 차창에 '살고 싶은 꿈'을 가득 안은 내 모습에서 새삼 나는 인생 창조에 대한 의욕을 느꼈다. 내 앞에 비친 수많은 학생들의 얼굴을 연상하며 두 주먹을 꽉 쥐어 보았다. 나는 그때로 돌아가고 싶다.

영국의 비평가 '러스킨'은 그의 저서에서 말하기를 "작가는 그 체험을 영원히 기록하고 싶다. 될 수만 있으면 바위에 새겨두고 싶다"라고 하였다. 이는 글을 쓰는 사람은 쓰려고 하는 그 내용을 영원히 전하고 싶은 간절한 소망을 가지고 있음을 나타낸 말이다.

우리는 누구나 글을 쓰고 싶어 한다. 또 작가가 되기를 바란다. 그러면서도 문학세계가 현실세계를 기반으로 해 성립된다는 사실을 너무도 모르고 있다. 문학은 현실의 기록으로써, 작품의 가치는 그 작품을 쓴 사람 자신이 얼마나 성실하게 인생체험을 했으며, 또 그 체험을 얼마나 진실하고 아름답게 표현하는가에 달려 있다.

'밀턴'이 불후의 명작 『실낙원』을 완성하기까지는 학문과 종교, 정치, 여행, 투옥, 빈궁, 시력 상실 등 투철한 신념과 열정을 갖고 인생 체험과 싸웠을 것이다. 또 일평생 진리를 실천해 나가는 사람도 드물지만,

그 진실한 생활체험을 예술적으로 표현할 수 있는 능력을 가진 사람은 더욱 희귀하다. 만약 누군가가 진정한 천재라면 작품의 소재를 결합하고 조직하는 독특한 방법과 원리까지도 자연에서 배워야 한다. 곧 체험을 독자적인 원리 밑에서 자체의 세계를 창조하여 독특한 목적을 이루기 위해서 부단한 노력을 해야 한다는 말이다. 작가가 따로 있고 작품이 별리된 것은 없다. 남들처럼 먹고 입고 사랑하고 미워하는 것은 똑같다. 다만 많이 체험하고 많이 읽고 많이 쓰는 습관을 게을리하지 않는 것이 최선이다. 또한 부족하더라도 작품을 자주 내놓고 합평을 받는 것도 빼놓을 수 없다.

 내가 학급 문집 '목댕기' 12집을 발행하고, '바지랑대' 5집, '난화' 2집을 발행하면서 학급 학생들과 씨름을 했던 것도 좋은 글을 쓴다는 것보다는 책을 가까이 대하고, 단 한 명이라도 야망을 갖고 후일에 문필가가 등장하길 기대하는 꿈이 있었기 때문이다. 아이들이 그것을 이해하고 있는지는 모르겠지만······.

성숙해지기

사람들은 행복을 찾아 세상을 헤맨다. 사실 행복은 누구의 손에든지 잡히기 쉬운 곳에 있다. 그러나 마음 속에 만족을 얻지 못하면 그것을 얻을 수 없다는 시인의 말이 갑자기 진리로 긍정되는 이유는 무엇일까? 마음이 너무 빈 탓일까?

비가 내린다. 요사이엔 계절답지 않게 자주 내린다. 창밖에 볼품없이 서 있는 건물들 사이로 텅 빈 가슴의 외침만이 울리고 있다. 이럴 때 접어 두었던 그리운 이들의 이름을 펴 본다. 이 빈 공간이 가득하도록 가슴에 다른 상념이 정착하지 못하도록 말이다. 그리고 보면 그동안 내 주변인이 얼마나 커다란 기둥이 되어 주었는지 알게 된다. 내가 나임을 알게 해준 이들, 고마운 이들이다. 내가 나임을 안다는 사실만큼 무섭고 아픈 일은 없다. 그러기에 혼자이기 전에 혼자임을 생각했어야 했다. 끊어진 수화기를 들어보신 적이 있는가? 그 억양 없는 신호가 어떻던가? 나는 그 소리를 두려워한다. 친구를 태운 버스가 휑 떠난 정류장에 서 본 일이 있는가? 나 또한 그것도 두려워한다. 퍽이나 이기주의자다. 그러나 언제까지나 이렇게 살 수는 없다. 홀로서기를 해야 한다. 그것을 깨우치는 것이 인생이니까~. 누군가 이렇게 얘기했다.

'인생은 순간을 가하는 모험'이라고. 그러나 신神(불가사의)은 영원이란 말을 허락하지 않았다.

  곧 영원은 없다. 그러기에 세상엔 비극이 있었나 보다. 그리고 사람들은 영원과는 완전한 극인 순간에서 무엇을 찾는다. 나는 다시 태어나야 한다. 한 세계로의 돌입을 위해 버려야 하는 종전 세계는 잊어야 한다.

  성숙한 사람은 그 종전 세계를 잘 마무리하는 능력이 필요하다. 오늘은 볼 수 없지만 별을 좋아 하는가. 금방이라도 쏟아져 내릴 것 같은 별빛은 이미 빛이 아닌 비雨였다. 가끔씩 하늘을 가르는 유성을 바라보며 빌던 행복은 나를 위해서가 아니었다. 그러나 다시 유성이 내 눈에 꽂히는 날, 나는 나를 위한 행복도 빌겠다.

  고등학교 때였다. 그때 나는 신앙이 없었다. 마침 대전의 청란여고를 중간에 그만두고 서산 지곡면에 토담집으로 교회를 짓고 선교 활동을 하는 김기옥 선생님이 계셨다. 그분의 봉사와 희생정신이 내 마음을 울려 교회에 빠졌던 적이 있다. 그리고 천주교 교리 강습을 1년간 공부하여 수료한 적도 있다.

  고교 3학년 때는 천주교 신부님을 모시고 식사를 해주는 댁에서 쌀 두 말을 내고 아주 싼값으로 하숙을 한 적이 있다. 주일마다 미사가 끝나면 신부님과 배구를 하면서 친목을 도모한 적도 있었다. 그 하숙집 대문 밖에는 개나리 한 그루가 심어져 있었다. 나는 매일 등교할 때마다 책가방을 옆에 끼고 그 개나리를 뛰어넘어서 등교를 했다. 개나리 키가 클수록 내가 뛰는 높이는 더욱 힘이 들었다. 그러나 나는 끈질기게 뛰어넘고 그 행동을 반복했다. 아무리 잘 자라는 개나리라고 하지만 결국 내가 이기고 만 것이다. 그 결과 나는 개나리 덕분에 고등학교 3학년 때는 제45회 인천 전국체전에서 높이뛰기에서 전국 신기록을 수립하고야 말았다. 그 해가 1965년이었다. 각 대학의 체육과에서 유혹도 많았다. 그러나 나는 원래 그림 그리기를 좋아했고, 글쓰기를 좋아해서 국문과를 선택했다. 처음에는 법학과를 원했었다. 옆집 지주가 아버지를 항상 무시하는 것을 보고, 꼭 법으로 해결하는 것은 또 다른 악의를 가져올 수 있다고 생각하고 글로서도 억울함을 간접적으로 얼마든지 풀 수 있다고 생각하여 국문과를 택한 것이다.

그러나 생활인이 되어 살다 보니 글도 쓸 수 없었고, 이냥 팔순을 바라보는 나이가 되고 말았다. 이제는 모든 것을 과거의 기억으로 접어두고 내 주위의 모든 사람들의 행복을 위해서 늘 기도를 하면서 살려고 한다.

나를 기쁘게 하는 것과
슬프게 하는 것들

짙은 코발트빛으로 덮인 가을 하늘이 나를 기쁘게 반겨준다. 베이비 침대 속에 새근새근 잠을 자는 아가의 평화스런 얼굴, 잠에서 깨 초롱초롱한 눈을 굴리며 방실방실 웃는 아기의 얼굴, 아장아장 걸어가는 뒷집 경아의 걸음걸이 또한 나를 기쁘게 한다.

산골짜기에서 한 방울씩 한 방울씩 떨어지는 약수 소리, 잘 정리된 주부들의 가계부, 슬픔을 딛고 앞날을 향해 줄기차게 나아가는 '민'의 이야기도 나를 기쁘게 한다. 마음이 울적할 때나 쓸쓸할 때나 괴로울 때, 한 편의 시를 읽으며 그 시인과 호흡을 같이 하는 것도 내가 좋아하는 것이다.

넓은 들에서 젖소들이 한가로이 풀을 뜯고 있는 광경, 알프스 몽블랑의 사진을 유심히 보며 나의 상상의 날개를 알프스까지 가게 하는 것 또한 나를 기쁘게 한다. 하얀 파도가 거품을 몰고 철썩거리는 그 바닷가 모래 벌에서 조개를 잡는 낭만, 호숫가에 있는 하얀 페인트칠을 한 별장에서 호수의 아름다움을 노래하는 것, 하늘에서 땅 밑까지 떨어지는 폭포수들도 나를 기쁘게 한다.

황금빛 노을이 걸려 한 점의 그림처럼 나를 명상에 잠기게 하며, 끝없이 펼쳐있는 초록색 땅 위에 등을 지고 하늘을 올려다보는 것 또한 나를 기쁘게 한다. 조용한 방에서 흘러나오는 차이코프스키의 '백조의 호수'를 들으며 '나' 자신을 행복의 경지로 이끌어가는 것도 나를 기쁘게 하는 것이다. 이 모든 영상을 생각하며 책상 앞에 앉아 시를 지을 수 있는 것 또한 나를 기쁘게 하는 것이다.

　이렇게 많은 것들이 나를 기쁘게 하지만, 반면 나를 슬프게 하는 것들도 있다.
　길을 가다가 집을 잃고 우는 어린이를 보면 문득문득 슬픔이 나를 엄습해 온다. 어느 공동묘지를 지날 때 오래된 무덤의 비석이 깨어져 이리저리 뒹굴고 아무렇게나 자란 풀들을 보면 나의 마음은 슬퍼지는 것이다.

　가을바람에 가지각색의 색을 띤 나뭇잎들이 한 잎 한 잎 떨어지는 것을 볼 때, 엄마 잃고 울부짖는 사람들, 부모님들의 얼굴도 모르고 살아가는 고아원의 아이들, 꼬부랑 지팡이를 짚고 껌 팔고 다니는 할머니도 나를 슬프게 한다. 여름 해수욕장에서 젊은이들 사이를 헤집고 다니면서 옥수수를 파는 이빨이 다 빠진 꼬부랑 할머니도 나를 슬프게 한다.
　하지만 아무리 슬픔이 많다고 해도 기쁨이 더 많다는 것을 생각해 보면 내 마음은 기쁜 것이다.

제4부

추억, 세월의 은총

송추에서
성장의 의미1
성장의 의미2
기다림
내가 작게 느껴지는 날
철길
집
당신의 마음
아름답다는 것
청초한 은사님께 올리는 편지
간호사의 노래
잊을 수 없을 겁니다
돼지의 탈출 사건

송추에서

- 젊은이는 한 걸음 한 걸음 계절을 가고 있는 것이다. 거기엔 낭만이 여물고 뻗어가는데 사지는 마냥 희망으로 벅찼다. 자연에 호흡하고, 자연을 마신 마음에 낭만을 주어 담고, 낭만을 발산하는 나는 아예 센치해 질 수도 없다. 그건 5월의 소녀가 있고, 5월의 신록이 있기 때문이다. 맑은 물이 펑펑 쏟아지는 골짜기를 보고 그 물에 흠뻑 마음들을 적셨기 때문이다. -

준비가 없었던 마음들을 더 초조하게 만든 것은 청량리 역원의 말이었다. 역원에게 시간을 물어보지 않았다면 우리는 더욱 불안했을 것이다. "성동역에서 오후 1시 15분에야 있습니다." 역원의 말이 떨어지자 우린 마음이 달라졌다. 아침 일찍 일어나 맑게 갠 하늘을 바라보며 부풀었던 마음과는 거리가 멀었다. 나는 완전히 실망에 빠져 있었다. 목적지를 변경해야 하는 사정도 있었지만 그보다는, "가까운 아무 곳이나 조용한 곳으로 찾읍시다." 하는 '난蘭'의 말이 왜 그렇게도 저주하고 싶었는지 모른다. 여자의 몸으로 계획이 망실 될 때 느껴오는 실망감에서 던진 그의 마음을 모르는 것은 아니다. 그러나 계획이 없던 뜻밖의 여행에서 맛보는 후회감이 자극과 반응으로 겹쳐왔다. 그런데도 나는 참아야 했다. 조용히 생각해야만 했다. 마침 택시를 탈수 있어서 성동역으로 달렸다. 법학과 학생들의 야유회가 '송추'로 되어 있어 본교생들이 나와 있었다. 그들을 피해 교외선 화물차에 몸을 실었다. 창밖에 펼쳐진 들이며 산, 내지는 농촌 풍경을 감상하며 열심히 읽어 갔다. 수확기를 재촉하고 파종기를 상징해주는 농경, 그 배경에 정서가 여물고 있는 자연미를 보고 이따금씩 경이驚異의 눈빛을 하고 좋아하는 '난'이의 모습을 볼 때 마음이 흐뭇했다.

나는 그냥 가슴이 벅차 어떻게 설명해 주어야 할지 몰라 당황을 했다. 그러나 쉽게 설명해 줄 수는 없지만 저런 풍만의 세계는 나의 뼛속에 스며든 무엇이 있어 그런대로 마음 든든했다. 아직도 계속되는 부모형제, 매妹의 고장, 더욱 나의 마음은 지금도 저곳에 있고, 그 속에서 산다.

그렇기에 내가 느끼는 감회만으로도 '난'이를 충분히 이해하도록 설명해 줄 수가 있는 것이었다.

3개의 굴을 빠져나와 의정부역을 지났다. 열차가 지금 꽤 고도의 선위에 달리고 있는 것을 알 수 있었다. 서울에서 서북간, 다시 아래로 치닫는 느낌이 들었다. 앞에 앉은 '난'이의 몸이 조금씩 흔들려 내 가까이로 오기 시작했다. '난'이의 얼굴은 좀 상기되어 있는 듯했다.

오랜만에 근교에 나온다는 그는 낭만이 여물고 있었다. 젊은 여인답게 풍만한 그의 육신에선 남달리 강한 하루를 느끼는지도 몰랐다. 자연을 보는 것보다는 자연에 도취되어 있는 '난'이의 얼굴을 바라보는 것이 좋았다. '난'이의 얼굴에는 자연이 그대로 그림처럼 박혀 있었기 때문이다.

연약한 목소리가 스피커에서 반겨주었다. 꼭 두 사람을 위한 인사

같았다. 목적지가 여기였고, 오늘 하루의 낭만을 찾을 곳이 여기라서 두 사슴은 약속된 말도 없이 손을 잡고 내렸다. 음료수를 사서 가방 속에 집어넣는 순간 나는 느꼈다. 하루의 계획이 이제 정상 궤도에서 본론으로 접어들고 있었다. 이제 어쩔 수가 없다. 하루 멋있게 호흡하고 그 호흡에 서린 사연을 기록하는 것이다. '난'이가 고교 시절에 보았다는 폭포로 가는 것이다. 절을 찾는 것보다는 폭포의 신선한 맛을 느껴보자는 것이다. 폭포 옆과 위로 담쟁이가 기어 붙고 있었다. 그곳에서 담쟁이 잎을 하나 따서 '난'이에게 주고 또 하나쯤 받아야 한다. 담쟁이가 아니라도 폭포가, 자연이 좋으면 직접 말로서 자신의 마음을 표현해 줄 것이다.

한참을 찾아 자리한 곳은 너무나 한적한 산속이었다. 옛날 석가모니가 불타가 되기 위해서 100일 기도를 한 굴처럼 불심을 일으키게 하는 동굴이 옆에 있다. 20여 개의 절벽을 이룬 폭포의 줄기가 연약하긴 했지만, 공중을 찢고 떨어지는 폼이 마음에 든다. 그 밑에 넓게 마련된 옹달샘 물이 넓게 펼쳐 보였다. 그 물이 너무 맑고 깨끗하여 여름 한낮, 가을 한 철 잔잔한 백마강의 전경과도 같았다. 나도 '난'이도 옷을 벗고 물속에 잠겼다. 시원히 땀을 씻어 주었다. 잉어처럼 마구 헤엄을 치고 싶었다. 미꾸라지처럼 깊이 잠기고 싶었다. 그러나 미리 복장을 더 준비하지 않았기에 낭만과 천심을 발산치 못했다. 이야기가 오가고 점심 식사가 맛을 돋우었다. '난'이의 재롱, '난'이의 성의, 손수 '난'이의 손때가 묻은 점심 식사는 별미였다. 야외에서 처음 느끼는 맛이었다. 야외

식전은 있었지만, 오늘 같은 계획에서는 처음이었으니까……

얼마 동안 우리는 자연 속에 잠겨 있었다. 그리고 낭만의 일과도 차츰 접해갔다. 툭툭 튀어나오는 낭만의 젊음은 충만되어 있었다. 눕기만 하면 짙게 덮인 녹음, 머리 위에는 바위를 타고 담쟁이가 기어가고 있었다. 담쟁이가 있고, 폭포가 있는……. 여기로 올 적 마음과는 180도 전환이다. 이런 낭만의 세계에서 말을 못하고 담쟁이를 따서 준다. 그런 생각이 초라했다.

머리 위에 보이는 담쟁이를 저주하고 싶었다. 얄미워졌다. 무슨 이야기를 얼마나 했는지 모른다.

'난'이는 울고 있었다. 고개도 주지 않고 흐느끼고 있었다. 대자연 속에서 오늘 하루의 행복일까 두려워서 우는 것만도 아니었다. 자신의 어떠한(?) 자포자기에서 벅차오른 울분이었다. 끝까지 그러나 아쉽게 'No'를 연거푸 하는 '난'이 마음을 충분히 이해할 수 있기에 낭만을 주워 담으면서도 영과 육은 피로했다.

'그래, 그런 마음을 안고 살아가는 거요. 피보다 진한 온갖 정신을 바치는 것이오. 꿈처럼 아름답게 수놓아진 허허로운 가짜 나일론 천은 아닐 거요. 적어도 순진한 원앙새의 마음으로 믿음의 정신과 부처처럼 강한 의지로서 이곳을 찾아 낭만을 발산하는 거요.'

나는 오래전부터 이런 시간을 바라고 있었는지도 모른다. '난'이를 알면서부터 나는 모든 것이 '난'이를 위해서만 존재해 있는 것 같이 느껴졌다. '난'이를 위해서라면 무엇이든 아깝지가 않았다. 오늘 하루도 내 모든 마음을 주다 주다가 그래도 부족하면 몸까지 주어도 아깝지 않고 오히려 부족한 것이다. 네 마음대로 해라. 오늘 나의 몸과 마음은 완전히 너의 것이다. 네 마음대로 짓주물러 새로운 영웅으로 등장시켜라. 기회는 기다리는 자에게 오는 것이 아니라 잡는 자를 위해서 오는 것이다. 녹슬기 전에 잡고 먹어라. 그래야만이 '난'이 너는 사는 것이다. 나처럼 '위대한 바보'라는 대명사는 필요 없다. 너는 이 대명사를 받지 말고 직접 현명해져야 한다. 네가 눈물을 흘릴만한 이유는 나에겐 말하지 않았으면 한다. 나는 모든 것을 무시하고 들어가는 인간이 아니냐? 이제 네가 눈물을 흘릴 만한 아무 이유도 없는 것이며 포기할 마음도, 가난한 것은 멀리 던져버리자.

이렇게 이상이 결부된 순간, '난'이와 나는 너무나 생각이 많았다. 모두 집어치우자. 아쉬움에 두 사슴은 산을 타고 내려오기 시작했다. 역을 향할 때 난이를 휘어잡은 나의 손은 뜨겁기만 했다. '난'이는 토끼 한 쌍을 들고 하루의 낭만을 산 경험을 남겼고, 나는 사나이다운 긍지로서 하루를 보내며 내일도 변함없이 살아갈 것이다.

〈1967. 5. 14. 일요일 개임〉

성장成長의 의미 1

- 휴일을 찌든 방안에서 독수무익하게 보내기가 싫다. 그보다는 하루를 대자연과 더불어 즐긴다는 것이다. 자연 속에서 하루의 마음을 잉태시킨다는 건 큰 행복이다. 이는 곧 우리 두 사이가 자라고 있다는 것에 의미를 둔다. 정녕, 청춘은 자연 속에서 자라고, 여물어가는 것이다. -

모든 것을 솔직히 밝히지 않는 사나이의 마음은 정말 어느 푯대 위에 정점頂點한 것일까? 그러나 우리는 하루의 휴일을 착잡한 방안에서 찌든 생활을 피했다. 대자연 속으로 들어가 자연 속에서 하루의 마음을 잉태시키기로 했다. 곧 우리가 하루하루 자라고 있다는 데에 의의를 두자는 것이다. 정녕 청춘은 자연 속에서, 자연과 더불어 잉태하고 변모해 가는가. 11시 '돌다방'을 피해 71번 동체 위에 실은 몸과 몸은 무엇을 느끼고 무엇을 직시했는지! 버스 종점까지 가면 내린다는 것보다 버스가 닿는 그 지점을 오늘의 두 사슴이 싱싱한 풀밭으로 삼았다는 데 무대는 청수장이었다.

창가에 15분 미달의 정오 햇빛이 비스듬히 양어깨로 비춰온다. 사람 차, 사람 차, 사람 차…… 서로 엇바뀌며 교차 되고, 교차 되며 뒤로 달아난다. 묵묵히 앉아 마구 몰아대는 운전사의 거동으로 보아서 도착시간이 오버 된 모양이다. 그러나 우리 두 사람에겐 제한된 시간이 없다. 그저 그곳까지 도착하면 되는 것이다. 그렇지만 우리에겐 운전사보다도 더 마음이 급했는지 모른다. 그럴 것이다. 하루의 휴강을 피해서 서로 대자연 속에 묻혀 즐기겠다는 우리의 마음은 애드벌룬처럼 마냥 부풀어 있었기 때문이다. 차 속에는 일반 부인들, 젊은 남녀, 학생들이 많이 타고 있었다. 제각기 즐거운 듯 이야기를 하고 있었다. 그들의 종점도 버스 종점이 아니라, 대자연 속이었다. 그러나 나에겐 그들이 별로 신통하지가 않았다. 그들처럼 화사한 말은 없어도 두 사람의 마음과 마음은 뿌리를 박고, 혈에서 혈로 통하고 있었다.

무언의 장벽을 뚫어 본다는 자신들 외에 더 행복한 사람들은 없는 듯싶었다. 차에서 내려 약간의 간식용 다과를 사서 들었다. 몸과 몸, 걸음과 걸음, 땀이 나고 열이 오른다. 방금 올라올 적에 우리들의 시야에 들어온 별장이 우뚝 서 있었다. 그 별장을 보고 '난'이는

"저 속에서 하룻밤 쉬면 기분이 어떨까? 그저 그럴 거야. 오히려 불안하고~"

하며 별장을 바라보았다.

"그렇겠지." 나는 그냥 받아 넘겼다. 사실 '난'이는 그런 말을 할 만큼 자연의 풍취에 말려들어 가고 있었는지도 모른다. 여자는 남자보다 자극에 감동되기가 쉬운 법이니까. 서울의 최북단. 양쪽에는 산이 높이 솟아있어 아늑한 골짜기에서는 맑은 물이 찰찰 흘러내리고, 울창한 숲 속에서는 '심훈'의 개암나무 골짜기처럼 산새들이 지저귀고 있었다. 그런 서구의 그림같은 풍취에 암자처럼 자리 잡은 호텔이 그에게는 그렇

게 느껴졌는지도 모른다. 감정이 어린 남자의 마음에도 무엇이든 경험하고픈 심정이 용솟음치게 하는 힐난의 곳이었으니까 말이다.

두 사람은 앉을 곳을 찾았다. 양볼에서는 열이 오르고 이마에서는 땀이 나고 있었다. 앞 단추를 모두 따고 아래를 굽어보고 있었다. 시원한 바람이 머리칼로 불어왔다.

"자리를 골라 앉으시죠?"

"그럽시다."

"저기 바위가 있어요. 위에 소나무가 있어 그늘을 들이고 아주 좋아요."

"그럼 저곳으로 가지요."

나는 책가방에서 신문지 석 장을 꺼내 깔았다. 그리고 그 위에 나란히 앉았다. 내가 먼저 사과 하나를 꺼내서 반으로 잘라 한쪽은 '난'이에게 주었다.

"어쩌면 이렇게 곧게 잘라졌을까? 반듯이 잘라 지면 마음이 곧고 좋대요. 그런데 난 자르면 꼭 찌글어 지거든요. 내 마음은 이렇다고요."

어린애 같은 말이었다. 사랑을 하려면 누구나 마음이 다시 어린 시절로 돌아가야 하고 어린애가 된다더니 그런가 보다.

"원, 그럴 리가……."

두 사람은 별 할 이야기가 없는 듯싶었다. 없는 것이 아니라 서로가 말을 못 하고 있는 듯했다. 그저 묵묵히 앉아 사과만을 먹고 있었다. 이마에 송골송골 나 있던 땀이 완전히 마르고 오후의 산꼭대기 대기가 차갑게 몸을 놀린다.

"저 아래 낙엽 위로 옮겨갈까?" 나의 제안이었다.

"그래요."

겨우내 눈 속에 파묻혔던 낙엽이 아직도 지천으로 쌓여 있었다. 세 치 가량은 쌓여 있었다. 그 위에 우린 자리를 잡고 앉았다. 기분이 좀 달라지는 것 같았다. 아쉬움이 가슴에서 가슴으로 전류된다. 낙엽을 긁어 난의 발 위에 덮어주고 나는 내 발 위에도 덮었다. 얼마간 우리는 대화가 오고 갔다. 그리고 마음껏 감정들이 자라고 있었다. 이젠 하산할 시간도 얼마 남지 않았다.

마지막인 듯 시간의 종점을 향해 나는 박차를 가했다. 나의 부탁에 '난'이도 거역하지 않고 나의 팔을 베고 드러누웠다. 옆으로 그의 얼굴을 빤히 들여다보았다. 맑게 갠 하늘에 밝게 빛나는 샛별처럼 청초하니 맑았다. 미소를 약간 머금은 '난'의 모습은 마치 신화 속에서 읽어본 공주의 상상으로 느껴졌다.

"제가 노래 한 곡 들려줄게요."

나는 노래를 부르고 '난'이는 조용히 멜로디를 타고 거닐었다. 감상에 젖은 그의 얼굴은 더욱 청순한 소녀상少女像이었다. 나도 그녀도 좋아하는 노래를 들려주었다.

"나 혼자만이 그대를 알고 싶소. 나 혼자만이 그대를 갖고 싶소.
나 혼자만이 그대를 사랑하여 영원히, 영원히 행복하게 살고 싶소.
나 혼자만을 그대여 생각해 주. 나 혼자만을 그대여 사랑해 주
나 혼자만을 그대는 믿어주고 영원히, 영원히 변함없이 사랑해 주

노래는 화음이 되어 멀리 하늘로 퍼져 나갔다. 이윽고 우리는 하산을 시작했다. 버스에 오르자 나는 말했다.

"대자연과 하루 호흡했다는 것과 우리가 한발 성장한다는 것에 오늘의 의의를 둡시다."

"……"

그는 말 대신 고개를 끄덕였다. 그리고 이어서

"할 이야기도 많다더니 한 마디도 못하고 그대로 가는군요."

푸념을 했다.

"사실 그런 것이지요. '난'이도 나에게 너무나 얘기를 들려주지 않았지요?"

나의 반문에 '난'은 그저 웃어버렸다.

하루가 가고 있었다. '난'이가 좋아한다는 시골의 분꽃이 필 시간이었다.

〈1967년 4월 21일 금요일, 비오다〉

성장의 의미2

사랑해선 안 될 사람을 사랑하는 죄이라서
말 못하는 이 가슴은 이 밤도 울어야 하나
오~ 사랑 애달픈 내 사랑아, 어이 맺은 하룻밤에 꿈
다시 못 올 꿈이라면 차라리 눈을 감고 뜨지 말 것을
사랑해서 안 될 사람을 사랑하는 죄이라서
말 못하는 이 가슴은 이 밤도 울어야 하나.

국문학 개론 휴강한 것 정리해 준 그 정리 종이에 적혀있는 노래를 여기에 옮겨 적었다. '난'이의 성의에 감사하면서 자비慈悲의 이지理智는 하나하나 멀어지고 역사는 후세에 남길 바란다는 큰 의미로 기록한다. 등불마저 점점이 이미지 속에 용해되어 버린다. 전부를 잃었던 빈터에서부터 경이驚異의 눈망울을 굴리며 사랑을 빼앗긴 나뭇가지 끝에서 먼 일몰日沒의 물결에서 지금 한 아름 새가 날아와 따뜻한 날개를 입으로 애무한다.

망각의 피안彼岸을 눈앞에 보며 고독의 해안에 발을 적시던 밤이었다. 그리움에 갈증 난 몸을 풀지 못해 떨던 긴 겨울의 쌀쌀한 풍경 속에 슬픈 날들은 이제 기억하지 않는다. 불면의 베갯머리에 눈물만 세고 앉았던 독지자이고 다 보지 못하여 서러워졌다. 하지만 강물이 녹아 흐르는 오늘, 천지에서 그냥 즐거워 오랜 날에 가슴팍에 병이 된 애통哀痛을 마음껏 씻는다.

그것은 바람(望)에 멍든 생각과 울다 지친 육체의 시력마저 무질서해진 공간에 평화와 사랑의 여신을 창조하려는 욕망이었다. 어느 아침 새가 눈을 뜰 때 문을 두드리는 누구의 종소리를 들으며 어디론가 무한히 낙하해가는 쾌감으로 날개를 펴고 있었다. 지난 봄날 낙화로 띄운 기억도 없이 부리에 차고 맑은 이슬을 묻히더니 아~ 드디어 새는 꽃처럼 날개를 펴고 있었다. 파~아란 하늘에서 아득한 벌판에서 해묵은 낙엽 위에서 등화燈花하는 나무가지 끝에서 모두의 마음에서…….
이윽고 한 마리 새가 날아와 따뜻한 날개를 입으로 애무愛撫했다.

선연한 모습을 소생하는 형型의 시름~. 그것은 고요의 옹달샘으로 가는 풀섶길 고요한 무리 속의 가녀린 꿈이다. 이 꿈에서 아주 깨어난 이가 비로소 만 길 물 깊이의 암벽을 탄다. 암벽의 향기를 따라 꽃봉오리의 옹달샘 속 금金동아줄을 타고 올라오면서 임을 맞는 끝없는 계곡을 침묵으로 부른다. 기쁨에서 행복과 불행의 슬픔으로 행적을 따라 슬픔에서 왔다. 고독으로 갔다. 고독에서 병든 생각과 허무에서 병든 생각과 허무로 울다 지친 육체를 허무에서 그림자 짓고 돌아온다.
무상으로 다니는 생과 사의 연약한 인체, 어느 교차로에서 회오리의 갈잎~.

　광중 아니다. 계절을 맞아 젊은이의 끓는 피를 마음껏 발산하려는 심사에서 나는 분별이 없다. 잡념이 있을 리가 없다. 「나 하나의 사랑」을 좋아한다는 '난'의 청에 피리를 불어주기 위해서 직접 '난'이로부터 준비된 악보가 신문사에 남게 되었다.

　민속학 임동권任東權 교수의 지방 강연이 끝나지 않아서 휴강이 되어 '난'은 같은 과 동료들과 일찍 나가버리고 공허가 남은 신문사에는 윤원형, 상국, 상배, 정희, 정숙, (?)들이 대신 앉아서 합창을 하고 있었다. 좀 기분은 나빴지만, 순간을 잊고 싶었다. 쏘나타로 높이 뽑았다. 명곡에서 민요로, 민요에서 유행가로~. 4층 높은 꼭대기에서 울리는 노래 소리는 1층에까지 환히 들리는지도 모른다. 창을 빠져나가 하늘을 찢었다. 운동장 주변 벤치 위에 앉아있는 학생들에게까지 들렸을 것이다. 합창이 끝나자 '난'이가 적어준 「나 하나의 사랑」을 독창했다. 정숙하게 흘러갔고, 환상이 떠올랐다. '난'에 대한 환상곡이었는지도 모른다. 대학에서 처음 맺어진 인연, 그는 나의 시인처럼 이미 내 마음 속에 자리를 잡고 앉기 시작한다. 또 나는 자리를 잡게 해야만 하겠다. 그러나 과로한 내 피로는 허락하지 않을지도 모른다. 그 첫째는 서울 사람과는 인연할 수 없다는 내 환상적인 억압감에서 스스로 생각하는 것이다. 그리고 둘째는 여자가 좋아 여자를 무서워하기 때문이다. '난'은 과거를 묻지 않는 것이 좋겠다는 나의 질문에 고개를 끄덕였다. 그러나 이것도 저것도 생각하기가 싫다. 노래도 이제 듣기 싫어졌다. 주춤

대며 작사 작곡하는 내 마음의 호소가 좋았다. 여학생들은 무슨 사연이 있느냐고 물었지만 나는 말해 줄 수가 없었다.

구태여 알 필요가 없는 당신들이라고…….

〈1967. 4. 22. 토요일, 비오다〉

기다림

하늘처럼 맑은 사람이 되고 싶다.
햇살같이 가벼운 몸으로 맑은 하늘을 거닐며 바람처럼 살고 싶다.
언제 어디서나 흔적 없이 사라질 수 있는 바람의 뒷모습이고 싶다.
하늘을 보며, 땅을 보며 그리워하면서 살고 싶다.
길 위에 떠 있는 하늘, 어디엔가 그리운 얼굴이 숨어 있다. 깃털처럼 가볍게 만나는 사람들의 모습이 세속의 통속어가 되어 귀가 지쳐 있다.

기다림은 만남을 목적으로 하지 않아도 좋다. 가슴이 아프면 아픈 채로, 바람이 불면 고개를 높이 쳐들면서 날려보는 아득한 미소~. 어디엔가 있을 나의 한 쪽을 위해 헤매던 숱한 방황의 날들~. 태어나면서 이미 누군가가 정해졌었다면 이제는 그를 만나고 싶다.
혼자 기다린다는 것은 가슴을 치며 슬퍼하는 것보다 더 어렵다. 그러나 자신을 옭아맨 동아줄, 그 아득한 끝에서 대롱대롱 매달려 낙하하지 않고 견디는 것은 그래도 멀리, 멀리 하늘을 우러르는 이 작은 가슴이 있다. 누군가를 열심히 갈구해도 아무도 나의 가슴을 채워 줄 수 없다. 결국은 혼자 살아가면서 해결해야 한다는 것을 알아야 한다. 한겨울의 눈발처럼 만났을 때, 나는 또 다시 쓰러져 있었다.

누군가가 나를 향해 다가오면 나는 움찔 뒤로 물러난다.

그러다가 그가 나에게서 멀어져 갈 땐 발을 동동 구르며 손짓을 한다.

만날 때 이미 헤어질 준비를 하는 우리는, 아주 냉담하게 돌아설 수 있지만, 시간이 지나면 지날수록 아파 오는 가슴 한 구석의 고목古木은 심하게 흔들리고 있다. 떠나는 사람은 잡을 수 없고, 떠날 사람을 잡는 것만큼 자신이 초라할 수 없다. 떠날 사람은 보내야 한다.

하늘이 무너지는 아픔이 올지라도……. 이것은 내가 경제적으로 자신감이 없이 성장한 데서 오는 영향도 있었겠지만, 소극적인 성격 때문이 아닐까 자신을 학대해 보기도 했었다.

기다림은 만남을 목적으로 하지 않아도 좋다.

가슴이 아프면 아픈 채로, 바람이 불면 고개를 높이 쳐들면서, 아득한 미소.

어디엔가 있을 나의 추억을 위해 헤매던 숱한 방황의 날들~. 태어나면서 이미 누군가가 정해져 있었다면, 이제는 그가 누구인지 알고 싶다. 가슴을 울려놓고 떠나간 얼굴들이 많기 때문이다. 모든 것이 내가 가난하여 고학苦學을 했고, 내가 능력이 없었기 때문이다.

스스로 자신을 지켜나간다는 것은 가슴을 치며 우는 것 보다 더 어렵다. 자신을 옭아맨 동아줄의 그 아득한 끝에서 대롱이며 그래도 멀리, 멀리 하늘을 우러르는 이 작은 가슴으로 누군가를 열심히 갈구해도 아무도 나의 가슴을 채워줄 수 없다. 결국은 스스로 해결해야 한다는 걸 한겨울의 눈발처럼 만났을 때 나는 또다시 쓰러져 있었다.

 지우고 싶다. 이 표정 없는 얼굴을 버리고 싶다.
 아무도 나의 아픔을 돌아보지 않고 오히려 수렁 속으로, 깊은 수렁 속으로 밀어 넣고 있는데, 내 손엔 아무 것도 없으니 미소를 지으며 체념할 수밖에……!

 위태위태하게 부여잡고 있던 것들이 산산이 부서져 버린 어느 날, 나는 허전한 뒷모습을 보이며 돌아서고 있었다.

내가 작게 느껴지는 날

 불기둥과 구름 기둥을 앞세우고 알타이산맥을 넘어 약속의 땅에 동굴을 파던 때부터 끈질기게 이어져 오던 사랑의 땅이 있다.
 눈물의 땅에서, 이제는 바다처럼 조용히 자신의 일을 하고 싶다. 맑은 눈으로 이 땅을 지켜야지. 나는 지켜야 한다. 누군가가 나를 차지하려 해도 그 허전한 아픔을 또다시 느끼지 않기 위해 마음의 창을 꼭꼭 닫아야 한다.
 수많은 시행착오를 거쳐 얻은 이 절실한 결론을 '이번에'는, '이번에'는 하며 어겨 보아도 결국 인간 세계에서는 더이상 바랄 수 없음을 깨달은 날, 나는 비록 공허한 웃음만을 웃을 수밖에 없었다. 아무도 '나'를 대신해서 슬퍼해 줄 사람이 없을 나의 삶을 뒤돌아보니 좀 더 열심히 살아야겠다. 자신의 뒤통수를 자신이 볼 수 없다는 것은 자명한 일이다.

 나의 전부를 벗고 알몸뚱이로 모두를 대하고 싶다.
 그것조차 가면이라고 말할지라도 변명하지 않으며 살고 싶다.

 말로만 하지 않고, 행동으로 말할 수 있을 때까지 '나'는 혼자가 되리라. 그 끝없는 고독과의 투쟁을 혼자의 힘으로 감내해야 한다. 부리에,

발톱에 피가 맺혀도 아무도 도와주지 않는다. 숱한 불면의 밤을 보내며 스스로 낙서를 많이 하여야 한다. 적어도 슬픔이 내 삶의 본보기가 되어서도 안 된다. 적어도 추한 모습을 보여서도 안 되겠다. 내가 책임질 수 있는 일에는 적극적으로 행동할 때가 되었다고 본다.

적어도 지식층이라면 선구자적 자세가 필요하기 때문이다. 그리고 어딘가에서 외롭게 슬픔을 달래고 있을 누군가를 위해서 등불을 밝혀 주자. 허전한 가슴을 메워줄 수는 없지만 '고맙다'는 말쯤은 들으면서 살아가고 싶다. 이 추운 겨울에 누구보다도 열심히 사랑하면서 살아가자.

추억을 인정하자.
애써 지우려던 내 발자국의 무너진 부분을 이제는 지켜보며

바람이 흔들린다고, 모두가 흔들리도록 버려둘 수 없다는 것을 깨닫기까지 얼마나 많은 것을 또 잊어야 했나? 아름다움을 잃어버리는 순간은 육신의 어떤 일도 중요하지 않다. 내 가슴에 쓰러지는 긴 그림자의 마지막에 놀라며, 남은 자도 결국은 떠날지 모른다. 그래서 아무도 객관적인 생각이 아니면 남의 삶을 판단해선 안 된다. 그의 상황에 처해 보지 않고서는 그의 고민과 번뇌를 이해할 수는 없을 것이다. 그가 가졌던 그 숱한 고통의 시간을 느껴보지 않고서, 그 누구도 그를 비난해서도 안 된다. 너무 자기 합리화에 익숙해져 있는 현대인은 그래도 가슴 아득한 곳에서 울려 나오는 절망은 어쩔 수 없고, 자신을 완전히

방비를 했다면 그것은 적어도 현명한 사람이리라.

　나로 인해 고통을 받는 자는 더욱 철저히 고통을 받게 하리라.

　그 고통으로 자신이 구원받을 수 있을 때까지 고통을 받게 하리라.

　남이 받을 고통 때문에 자신을 희생한다는 것이 얼마나 고귀한 것인가! 아닌 것은 아닌 것일 뿐, 그의 고통은 그의 것이다. 그로 인해 일어난 내 속의 감정은 그를 더욱 나약하게 만들 뿐, 아닌 것은 역시 언제나 아닌 것이다.

　그로 인한 고통이 아무리 클지라도 결국은 옳은 길을 걸어갈 것이다.

　그는 얼굴이 없다.

　매일 만나지도 못하면서 늘 내 뒤에 서 있어 나의 긴 인생길을 따라다니며 내 좁은 이기심과 기회주의를 보고 웃으시는 그를, 내 무슨 낯을 들고 대할 수 있으리~. 부끄러움으로 인해 자신을 돌아보지만 자랑스럽게 내어놓을 것이라곤 하나도 없기에 좀 더 살아 자랑스러운 하나쯤은 내어 보일 수 있을 때가 되면 자신 있게 그를 만날 것이다. 언제가 될지는 몰라도, 아니 영원히 없을지도 모르겠기에 내가 더욱 작게 느껴지는 오늘, 나를 사랑해야 할 것인가!

　나, 인간이기에 일어나는 시행착오에 대한 질책으로 어두운 지하 심연에 영원히 홀로 있게 된대도 그 모두 나로 인함이기에 누구도 원망할 수 없을 것이다. 내 사랑하는 내 삶에 대한 책임은 나에게 있으니 나,

유황불에 타더라도 웃으려고 노력해야지.

   내가 있는 그 어디에도 내가 견디기에는 너무 벅찬데 나를 이토록 나약하게 만든 신神의 또 다른 뜻은 무엇일까?

철길

청초한 카나리아의 울음처럼 요사이 나는 고독과 번민을 느낀다.

세상 사람과 서로 어울릴 수 없을 지경으로 몰아붙여서 사람들과 그의 중간에 개재한 한줄기 장벽은 날이 갈수록 높아만 갔다. 아무 생각 없이 태연하게 횡단하는 세월은 에누리 없이 하루를 등지려 한다. 언제나 보는 태양이지만 이날도 여전히 같은 괘도 위를 한걸음, 한걸음 걸어가고 있었다. 남쪽에서 불어오는 미풍은 추억을 되살리는 미소 마냥 일종의 향기를 띠고 혹혹 얼굴로 불어왔다. 나는 바다로 잇닿은 어촌의 국도 위를 무심코 밟고 있었다. 가슴으로 바다 공기가 밀려들었다. 무미한, 그러나 쉽게 설명해 버릴 수 없는 갯내음이 시원스레 기어들고 있었다. 넓고 푸른 대양에는 배의 그림자도 찾아볼 수 없고 뱃고동 소리만 방향도 없이, 보내고 떠나는 보랏빛 이별 곡이 서린 정거장의 오후처럼 은은하게 그의 심장을 찢고 들려왔다. 짭짤한 바닷바람에 씻겨가곤 했다. 나는 주위를 한 번 휙 둘러보고 나서 옆에 끼고, 여섯 치 크기의 김정식 시집을 두 손으로 펴들고 들여다봤다. 그러나 한 편도 못 읽고 싫증나 내동댕이 치고 모래를 피해 바닷물에 조찰하게 씻긴 조약돌을 깔고 앉아 대신 아래 호주머니에서 편지 한 장을 꺼내 들었다.

고요한 시간 검은 장막이 드리우고 어둠 속에 견딜 수 없는 슬픔. 고독이 나를 사로잡아 지나간 날처럼 오늘도 또한 나의 삶은 지나갔다. 내일도 또한 나의 삶은 이러할 것이다. 어쩔 수 없이 맞아야 하나.

　불행하거나 기쁨을 갖다 주는 변화든지 좀 더 무미한 생활을 떠나 무엇이든 경험하고 싶어졌다. 제 구실도 다 못하는 인간이 불평만 늘어놓다니……. 이런 생각이 자주 일어남에 따라 격에 맞지 않는 체념을 하며 마음은 어둡기만 하다. 무엇으로 해서 그토록 알뜰한 너의 마음에 보답할 수 있을런지. 살아간다는 것이 힘에 겹고 미약한 나로서 뾰족한 아이디어가 없다.

　현아, 요전에 온양에 와서 나와 만남에서는 적지 않은 실망과 환멸을 느끼지 않을 수 없었을 것이다. 나의 건넌방에서 우리의 대면이라고 할까? 그날의 감정은 형언할 수 없었던, 아니 내 생에 지금까지의 모든 것보다 더 감미로웠다고 할까? 아무튼 기묘한 감정에 나 자신도 허둥대게 되는 것은 어쩔 수 없었다. 네가 가고 난 뒤 생각해 본 건데 내가 자신의 모욕과 굴욕을 당했다고 믿었을 때 정말이지 불쾌한 마음은 사로잡는 마음 속에서 요동했었다. 나는 너의 내심을 모르는 것은 아니다. 그 누구보다도 잘 알고 있는 것이다. 현아! 너는 나를 미워하거나 저속한 마음은 갖지 말아다오. 그러리라 믿고 싶다.

　바다는 아까보다도 더 푸르고 넓게 보였다. 나는 자리에서 벌떡 일어났다. 그리고 다 해진 종이쪽을 움켜쥐듯 호주머니에 다시 넣고 천천히 자갈밭 위를 거닐기 시작했다. 한 발짝 한 발짝 발을 내딛는 나의 얼굴엔 무엇인가 깊이 생각하는 표정이 떠오르고 있었다. 조심스럽게 걷다가 어느 땐 무엇을 놓친 포수마냥 눈을 크게 올려 뜨고 상반신을 우쭐하다가 미소를 머금고 고개를 아래로 내려트렸다. 나 자신에게 쫓기고 있는 기분이었다. 현아가 한없이 귀여우면서도 나이에 비해서 너무 성숙한 것을 생각하면 밉기도 했다. 그럴수록 자꾸 그의 곁으로 마음이 내닫는 데는 '나'도 어쩔 수 없이 어린애가 되어버리는 것이다. 그의 마음은 지금 겨우 호수처럼 잔잔한 마음에 조소라도 퍼붓는 듯하였다.

저 바다처럼 넓고 푸른 마음을 가져 볼 수는 없을까?

현아가 Y여고 졸업반이 된 여름. 때 늦은 계절을 타고 아까시 꽃잎이 아쉬움 없이 떨어져 수신하던 때를 기억 하고 싶다. 나이에 비해 성숙하다고 생각되는 현아가 어른거렸다. 남들은 모두 그러리라 믿지 않지만 나 자신은 항상 그렇게 생각하는 것이 좋았다. 제법 턱밑 수염도 깎지 않고 시꺼멓게 길러 어른다운 멋을 보이고 싶었다. 이곳은 읍지 邑地라고 하지만, Y여고를 합하여 여고는 2개밖에 없는 곳이라 남학생들도 그랬지만 여학생들은 누가 Y여고에 다니며 누구누구가 어떠한지 모조리 알고 있는 정도였다. 글을 남달리 잘 쓰는 나는 여고생들로부터 '글쟁이 아저씨'란 말이 이름을 대신해서 통하였다.

나도 자신을 표현하는 데는 이 대명사가 가장 적합하리라고 믿어왔기 때문에 조금도 불쾌하지는 않았다. 그러나 나에게 반말을 쓰는 여학생만은 미워했다. 이것은 나 자신의 우월감에서도 아니고 꼬마들이 같이 맞먹는 아니꼬움을 회피하기 위한 고교생다운 영웅심에서 생긴 수

단도 아니었다. 학교를 2년을 뒤늦게 입학하여 때를 놓쳐 버리고 동갑내기 동생들과 상대하며 생활한 습관에서 온 것이라 함이 타당했다. 나 자신도 늘 그러지 말아야겠다고 생각하지만, 습관이란 인간을 따라 다니게 마련인지 불현듯 화가 치밀기도 했다. 그렇다고 학교에서까지 꼬마 동료들과 차별을 두는 것은 아니다. 학교에서는 가족다운 분위기 속에서 상대하고 교문을 일단 나서면 제법 본성을 나타내기 시작했다.

집

누구에게나 그렇듯이 나에겐 옛집에 대한 조그맣고 자잘한 기억들이 풋풋하게 향기를 발하며 남아 있다. 그것들은 가끔씩 내 추억 속에서 툭툭 튀어나와 나의 생활에 아름다움을 불어 넣어 준다. 내가 사랑했던 모든 것들, 내가 '집'이라고 말하기만 해도 나에겐 그것들이 떠오른다. 우리 집 마당에는 4인용 그네가 있었다. 봄이면 어머니께선 이불을 이 그네에 너셨다. 그럼 나는 이 이불 사이에 얼굴을 묻고 그 노곤하고 정이 넘치는 내음에 흠뻑 취하곤 했다. 내겐 그것이 햇볕의 냄새와 같았다. 뭔지 모를 환상의 꿈같은!

봄엔 집 안팎의 모든 것이 나에겐 꿈이었던 것처럼 느껴진다. 마당엔 꽃들이 봉오리를 맺고 있었고, 연한 초록색의 새 감나무 잎들이 귀엽게 고개를 내밀고 있었고 햇볕은 따스하게 내려오고, 그럴 땐 집 전체가 졸음에 싸인 것 같이 보였기 때문이다. 우리 집은 가난했지만 굉장히 넓은 테라스가 있었다. 지붕은 짚으로 이엉을 엮어서 얹은 초가집이었는데, 항상 제비들이 처마 밑에 집을 지었고, 겨울에는 참새들이 처마 끝자락에 집을 짓고 겨울을 보내곤 했다.

양지쪽에 집이 있었고 초가지붕이 제격에 맞는 모양이었다. 나는 제비들을 귀여워했고, 자랑스럽게 여겼다. 옆집 심술쟁이 할멈은 지저분

하다고 집을 떨어버리려고까지 하였다. 하지만 그 집은 지주의 집이었고 나는 너무 어렸기 때문에 항의도 하지 못했다. 아무튼 그 후로 제비는 다시 우리 집을 찾지 않았고 테라스 위 처마를 바라볼 때마다 마음이 아팠다. 그리고 그 할멈과 제비가 함께 범벅이 되어서 자꾸 뇌리를 스쳤다. 나는 아버지께 졸라서 테라스를 치우고 그곳에서 잤다. 풀벌레가 아름답게 울어댔고, 나는 별을 보며 잠을 잤다.

내가 우리 집에서 가장 좋아하는 장소는 다락방이었다. 그곳에는 갖가지 신기한 물건들이 쌓여 있었다. 어떤 때는 하루종일 그곳에서 살기도 했다. 그만큼 재미있는 곳이었다. 한쪽 구석에는 크고 견고해 보이는 책장이 있었고, 갖가지 책들이 꽂혀 있었다. 어머니의 옛날 노트나 카드 모음집, 우표 철, 아버지의 벼루와 붓, 표구된 작품들, 인두, 화루, 일본 제국시대부터 모아둔 아버지의 통장과 엽전, 구멍 뚫린 체, 펜, 만년필, 등 온갖 상자들이 쌓여 있었다.

구석으로 들어갈수록 흥미는 더욱더 있었고 어제 보았던 물건이라도 흥미를 끌었다. 그곳은 나 혼자만의 세계였다. 누구의 간섭도 없었고 언제나 포근한 장소였다. 어린 나에게 다락방은 우주였다. 그곳에서 내가 여우와 빨간 모자가 나오는 동화를 읽으면, 천장의 무리가 확대되어 동화 속의 인물이 되어서 내려왔고, 촉 없는 펜대를 들고도 훌륭한 아라비아말과 책이 가득한 방에서 마술의 펜대를 든 훌륭한 작가였다. 나에겐 최고의 생활과 즐거움을 준 침침하지만 아름다웠던 다락방에 있었다. 조그맣고 보잘 것 없는 집이었지만 옛집의 구석구석에는 나의 모든 생각과 나의 모든 즐거움 및 추억들이 담겨 있었다.

　나는 절대 이런 것들을 잊고 싶지 않다. 왜냐하면 나의 옛집에서의 생활은 내 어린 시절의 전부이며, 나의 어린 시절은 나의 순수하고 깨끗하고 소박했던 진정한 아름다운 생활의 전부였다고 생각되기 때문이다. 이젠 이미 이사를 해서 우리 집이 아니지만 지금도 가끔 그 집앞을 지나노라면 참으로 눈물이 날 정도로 정감을 느낀다. 현재는 많이 변했다. 그래도 아직 그 집은 내 추억 속에서만은 옛날 그대로의 모습이다. 담장에 가득 장미를 달고, 깨끗한 벽에 군데군데 금간 테라스를 가진 그리고 무엇보다도 나의 아름다운 추억들이 한 눈으로 보인다.

　나는 자주 주인이 바뀐 나의 사랑하는 집을 찾으려 한다. 그리고 점점 나에게서 소멸되어 가는 어린 시절의 순수성을 찾으려 노력하겠다. 그럴 때마다 나의 옛집은 우직한 미소로 나를 맞으리라. 여기에 당신 일생의 일부분이 묻혀 있노라고. 당신의 사랑하는 모든 것들이 여기 이렇게 구석구석에 보존되어 있노라고…….

당신의 마음

여기 26개 성상을 모진 풍파 속에서도 꼿꼿하게 자란 나무와 가지 하나가 있다. 9년을 당신의 사랑과 관심을 받으면서 곱게 자란 후 16년의 학사 생활~. 처음엔 추위조차도 이기지 못하여 바르르 떨고, 봄이면 싹을 틀 줄도 몰라 애를 먹이던 아주 가냘픈 나뭇가지가 이제는 제법 꼿꼿하게 자랐다. 나무 줄기의 피와 땀을 갉아 먹으면서고 가지가 꺾일까, 잘못될까 고심초사 다듬어 준 덕분에 가장 성성聖性하게 자란 것이다. 그러나 굽힐 줄 모르고 영원할 것만 갔던 나무에 태풍이 핥고 지나갔다. 모체에서 공급해주는 양분을 먹으면서 8개의 가지는 무럭무럭 자랐다. 이제는 어떤 불균형이 세파가 닥쳐와도 부러울 것 없고, 꺾이거나 뽑힐 염려 하나 없이 뿌리를 깊이 박고 가지는 튼튼해졌다. 한데 어느 강설이 누리를 깎아내던 겨울날 모체의 한쪽 부분이 영원히 돌아올 수 없는 지점을 향하여 떠나 버렸다. 누구의 냉혹한 노여움이었을까? 아님 운명이 좌우하는 키가 지정한 것일까? 가지는 그 이유를 알지 못하는 채 불행한 처우를 받아야 했으니까…….

지금도 무럭무럭 자라는 나무는 온통 당신 생각뿐, 어지러운 세상을 아예 분석해 보려는 마음도 없이 그저 주어지는 임무에 충실하고 있다. 남아있는 한 모체를 위해서 가장 선하게 살고 있는 것이다. 가지의 부분 부분에는 당신의 피에서 나온 동일한 피가 흐른다는 사실에 당신으로부터 배운 그대로 살고 있는 것이다. 지금도 멀리 이정표를 새기면서 보다 참하고, 보다 욕되지 않는 가지가 되려고 분투하고 있는 것이다.

날씨까지 침울하다. 참참하고 답답하다. 인생의 한 구간에서 잠시 정지된 상태가 아니고, 생각할 수 있는 여유를 지니고 있는 가지에 새로 새 가지가 돋아 또 다른 분신의 분신을 싹 틔워야 할 텐데 아~ 지금 나뭇가지에는 새 낙엽을 위하여 준비하고 있는 것이다. 얼마간 꽃을 피우기 위한 준비 작업을 하는가 보다.

나는 대학 3학년 때 어머님과 영원히 작별을 했다. 그래서 틈만 나면 홀로 고생하시는 아버님 생각에 잠을 설치기도 한다. 못다한 어머님과의 한이 많아서 괴로운 밤을 많이 보낸다. 남은 잘 모른다. 오늘 따라 당신이 생각나서 잠을 이룰 수가 없다. 하나에서 열까지 당신께서 겪으시던 노초의 영상이 온통 머리를 흔든다. 여기 정성껏 한 아름 노래를 드린다.

낳실 제 괴로움 다 잊으시고
기르실 제 밤낮으로 애쓰는 마음
진 자리 마른 자리 갈아 뉘시며
손발이 다 닳도록 고생하시네.
하늘 아래 그 무엇이 높다 하리오
어머님의 희생은 가~이 없어라.

- 양주동 시 「어머니의 마음」, 이흥렬 작곡

지금은 제가 이만큼 자라서 국토방위 의무에 서 있고, 국가의 간성으로 근무하고 있다. 학교 16년 당신의 피와 땀을 갉아먹고 살찐 미련한 자식의 원통한 이 16년의 배움으로 끝없이 괴롭다. 지금은 저 못지 않은 아버지께서도 몹시 괴로워하시고 고생은 두 배 이상으로 늘어나셨다. 얼마나 깊이 당신 생각에 잠겼는지 어느 날 아버지께서는 저를 부둥켜안고 얼마나 우셨는지 모른다.

어머님의 괴로움이 누구의 탓이었는지 나는 알고 있기 때문에 이렇게 괴로운 것이다. 배움! 그것만 아니었더라면 이렇게 설움에 젖어 있지는 않을 것이다.

"어머님! 무한대의 저 하늘을 보십시오. 지금은 밤이지만 몹시 파랗게 희망적인데, 당신은 꼭 오실 거예요. 당신은 꼭 오신댔어요."

내가 중학교 2학년 때 글짓기 대회에서 최우수상 받은 시를 고인수 (목사) 강사님께서 작곡을 하셔 어머님 날에 이 노래를 불러드린 적이 있다.

당시 안면중학교에는 미술, 음악, 체육 같은 예능 과목 선생님은 아예 없었다. 고인수 목사님은 미국의 미시간 주립대학을 마치고, 벽지 안면도에 오셔서 목사로 재직하면서 강사로 나오셔서, 행사 때마다 항상 학생들의 작품으로 노래를 작곡하여 가르쳐 주셨다.

(1절)

봄이면 봄바람, 가을엔 서리
사랑하는 자녀들 생각에 젖어
가시길 불속을 헤쳐 나가며
조용히 눈을 감는 감사함이여
높도다 그 이름 어머님이라오.

(2절)

여름엔 무더위, 겨울엔 눈보라
사랑하는 자녀들 등 위에 엎고
몰아치는 찬바람 억제 하시며
희생의 눈을 감는 고마운 이여
귀하다 그 이름 어머님이라오.

- 편영의 작사, 고인수(목사) 작곡

이 노래가 1961년 중학교 2학년 '어머니 날'에 글짓기 대회에서 최우수상을 받은 작품이다. 어머님을 위하여 이 시를 만들었고, 이 노래를 불러 드렸을 때 얼마나 기뻐하셨는지 모른다. 그때만 생각하면 눈시울이 뜨거워짐을 속일 수 없다.

아름답다는 것

어느 날 이른 아침 등굣길 이었다. 학교에 들어서서 운동장에 가고 있을 때 어디선가 새소리가 들렸다. 고개를 들어보니 본관 옥상에서 새들이 지저귀고 있었다. 보통 때는 이런 소리를 들어보지 못했다. 아마 새들이 이른 아침에 왔다 가는 것인가 보다. 그것을 바라보고 있으려니 무어라 표현 못할 이상한 기분이 가슴 속에 꽉 차왔다. 매일 듣는 것이라곤 차의 소음뿐, 시끄러운 잡음들만 듣다가 오랜만에 맑고 깨끗한 자연의 소리를 들으니 그렇게 마음이 평온해지고 잔잔해졌기 때문이리라.

요즘 도시 생활에서는 사람들의 따뜻한 인간미가 거의 사라져 가는 것 같다. 자기 일에 바쁘다 보니 하루가 어떻게 지나는지도 모르고 하루 종일 모든 일에 시달리다 보면 우리 고교생들도 젊은이로서 한창 부푼 꿈을 공상의 날개에 실려 애드벨루~운을 띄울 만도 하건만 그럴 시간도 없다. 명랑하고 즐겁게 정적인 시간을 보내기엔 너무 지쳐 있는 것 같다. 이런 우리들이 언제 마음을 정화하고 남성다운 기사도 정신의 꿈을 키운단 말인가? 물론 자기대로 활용하면 되겠지만 듣고 보는 것이 냉정하게, 차갑게만 느껴짐은 나 자신도 인간미가 차갑기 때문일까?

언젠가 이런 얘길 들은 적이 있다. 독일의 어느 복잡한 거리에서 일어난 일이다. 어느 날 혼잡한 네거리의 신호등에 한 쌍의 새가 날아왔다. 새들은 전기가 통하는 그곳이 얼마나 위험한 곳인지도 모르고 그들의 보금자릴 꾸미기 시작했다. 사람들은 오손도손 행복하게 사는 새들을 보고, 그 새들을 위해서 신호등을 사용하지 않기로 했다. 그래도 사람들은 신호등을 사용했을 때보다 더욱 질서를 유지하고 교통도덕을 더 잘 지켰다고 한다. 그런 중에 새들은 알을 낳고 새끼를 쳐서 오래오래 살았다 한다. 얼마나 아름다운 이야기인가? 그런 복잡한 도시 생활에서 따뜻한 인간의 마음이 새들에게 평화롭고 안락한 보금자리를 만들어 줬으니……

사실상 무엇이 우리들의 고달프고 피로한 생활을 위로해 주고 얼마나 즐겁게 해줄 것인가? 하루종일 시달리고 피로에 지친 우리들이 집에 가자마자 쓰러지면 그 다음 날이 되고, 이렇게 반복되는 생활에서 차갑고 냉정하게만 모든 것을 받아들이는 우리 주변에서 독일의 일화와 같은 미담이 매일 일어난다면 얼마나 즐겁고 아름다운 일이겠는가?

이런 이야기가 언제나 말로만 끝나지 않고 실제로 우리 마음속에 인간미로 흐른다면 얼마나 아름답고 고귀한 것인가? 나는 늘 이런 생각을 해 본다.

청초한 은사님께 올리는 편지

선생님! 요즈음 날씨는 겨울이라 말하기엔 무색할 정도로 포근해요.

세월 따라 동장군도 차츰 늙어가나 봐요. 오래도록 글월도 올리지 못한채 세월의 흐름이 날 기쁘게 하는지 슬프게 하는지조차 알지 못하면서 오는 해를 맞이했습니다. 이제 졸업반이 되네요. 두렵고 괴롭기도 하답니다.

연못에 수줍은 여인네의 모습을 담고 있던 연꽃의 자태가 우리에겐 항상 '여왕'의 모습으로 군림하고 있었지요. 하얀 눈송이처럼, 또는 한 송이 백목련처럼, 그윽하고 진한 향기를 풍기는 백합처럼, 연꽃은 그 청결함을 가슴에 심어주는 고귀한 마음의 등불이었습니다.

라일락 향기 가득히 퍼지던 교정의 5월이 제게는 멋과 낭만의 집산지었지요. 송홧가루가 날릴 때면 선생님과 우린 미친 듯이 소나무 숲으로 뛰어가 여기저기 퍼져 머리 위로 곱게 내리는 가루를 가만히 맞아가며 웃음도 지어 보았었습니다. 등나무 아래서의 야외 수업은 잊을 수 없는 추억의 한 장입니다. 찌는 듯 여름 공기를 이기지 못해 밖으로 뛰쳐나와 명주실처럼 가는 바람조차 고마웠던 날이었거든요. 백목련의 탐스러운 자태는 흡사 어머님의 포근한 사랑과 흡사하다는 생각을 했습니다. 수녀님들의 깨끗하고 부드러운 자태로도 연상되어 있었으니까요.

　겨울이어도 선생님을 생각하면 함께 한 추억이 모두가 그립고 아쉬움입니다. 환경미화 심사를 할 때였던가요? 선생님께선 한 송이의 꽃도 물지 못하고 있는 우리 반 화병 보기가 민망하셨던지 옆 반 복도에 꽂혀있던 꽃 몇 송이를 살짝 가져오셔서 저희 꽃병에 꽂으셨죠. 그걸 훔쳐보며 우린 미안함과 익살이 뒤섞인 웃음으로 킥킥대기도 했습니다. 아침저녁 한 번씩 읽으라고 강조하시면서 김광섭의 「성북동 비둘기」란 시가 지금도 생생한 기억의 하나로 존재해 있답니다. 그 무렵 여름 선생님의 반짝이시던 이마에선 송글, 송글 땀이 맺히셨고 우린 '대입'이란 글자 앞에서 그 여름을 작렬하는 태양 아래서 견뎌야만 했습니다. 항상 성실하라고 일컬으시던 음성이 지금도 귓전에서 맴돕니다. 그 음성을 기억하면서 제 생활이 과연 당신의 뜻을 조금이라도 따랐었는지 돌아봅니다. 부끄러움이 추위를 덮을 정도입니다.

　추억은 항상 아름답다고, 아무리 쓰라린 과거라도 지나고 보면 즐거운 것이라고 어느 철학자가 말하셨다죠. 시간이 갈수록 그 말에 고개를 끄덕이게 됩니다.

　선생님, 저희들은 서로가 서로를 바쳐 줄 수 있는 '바지랑대'가 되어 주면서 함께 침엽수의 푸름을 닮으려 노력하렵니다. 그리고 저는 오늘밤에 선생님의 그윽한 음성을 되새기며 「성북동 비둘기」를 읊조리겠습니다.

　눈처럼 밝고, 목련처럼 청초한 분으로 기억하며 잠이 안 오는 어느 날 밤에…….

간호사의 노래

총알이 날아오는 싸움터에서
피 흘리는 아저씨들 간호해 주는
십자가에 적십자 간호사 언니는
그 이름도 장하다 거룩하도다.

나는 이 노래를 아는 사람을 본 일이 없다. 내가 초등학교 입학 전에 서울 동양한의대(현재는 경희 한의대로 바뀌었음) 학생들이 안면도에 의료봉사활동(1953년 이전) 와서 가르쳐준 노래이다. 노래만 기억할 뿐 제목도 작가도 모른다. 그때 대학 형들도 모른다고 했다. 그래서 내 나름대로 「간호사의 노래」라고 제목을 붙였다. 나는 어려서부터 노래를 부르라고 하면 솔직히 애국가나 이순신 장군의 노래, 최영 장군의 노래 등을 불렀다. 그래서 안면도에는 노래방도 없느냐고 놀림도 많이 당했다. 그저 유행가를 안다면 「동백 아가씨」와 문주란의 「동숙의 노래」를 부를 수 있다. 「동백 아가씨」는 워낙 그 유행이 한 시대를 휩쓸고 지나가서 알고, 한때는 금지곡으로 되었을 때 대학 생활을 하였고, 「동숙의 노래」는 깊은 사연을 안고 있는 노래임을 알고 있기 때문이다.

그러나 「간호사의 노래」는 그 내용 자체가 듣기만 하여도 간호사들의 봉사와 희생정신이 듬뿍 느껴지는 노래이다. 한때 우리나라 광부와 간호사들은 독일로 파견되어 산업의 역군으로 국익에 많은 공을 세웠다. 나는 군대를 예편하고 천안의 복자여고에서 1972년 말부터 근무를 했다. 그 학교에서는 일반 여고에서 졸업한 학생들이 와서 1년간 독일어 공부를 하고 간호사로 파독되는 것을 계속 보아왔다. 우리나라 최초 순교한 복자 수녀를 신봉하고 우리나라 최초로 순교한 김대건 신부(중국에도 사당과 천주교가 있음)를 모시는 가톨릭 학교다. 우리나라에 많은 가톨릭 신부와 수녀원이 있지만, 충남 예산군 삽교 솔뫼에 있는 김대건 신부의 사당은 이복자 수녀원에서 담당 관리를 하고 있다.

나는 원래 학급조회 때나 전교 학생 조회 때면 애국가를 큰 목청으로 힘차게 불렀다. 학생들은 처음에는 그런 선생님을 처음 보기 때문에 뒤에서 킥킥대고 웃었다. 특히 4절의 "이 기상과 이 마음으로 충성을 다 하여"를 부를 때는 눈물이 핑 돌며 온몸에 소름이 쫙 돋기까지 했다. 그 후 우리 반 학생들은 애국가를 얼마나 힘차게 부르는지 모른다. 그래서 군에 있을 때는 병사들이 소대장님은 장기복무해서 별 4개까지 달라고 농담까지 했었다.

나는 집이 너무 가난하여 덮을 것이 없어서 쪼그리고 잠을 자면서도 배우는 것만이 이 가난을 벗는 길이라고 생각하고 밤잠을 설치면서 공부를 했다. 고등학교 때는 남의 집 머슴살이도 해 봤고, 직장을 다니면서도 방학 때면 새우젓 장사와 김(해태) 장사도 해 보았다. 신분을 속였는데도 상회의 사장은 눈치를 채고 침식을 제공해 주기도 했다. 이렇게 고마운 분들이 내가 살아오는 동안에 큰 힘이 되었다. 나는 초등학교 때부터 고등학교까지 12년간 반장을 하면서 공부도 1~2등을 빼놓지 않고 우수한 성적을 얻었다. 그러니까 중·고·대학을 장학생으로 졸업했다.

나는 농업학교 토목과를 다녔기 때문에 처음엔 유능한 측량 기사나 가난을 벗을 수 있는 법관이 꿈이었다. 그러나 뜻하지 않게 국문과로 진학하여 지금까지 만족 못하고 살고 있는 실정이다. 대학에서는 소설을 쓰면서 대학신문사에서 3년간 활동을 했고, 4학년 때는 총학생회 학예부장을 맡아서 종합 교지를 제작하는 데 심혈을 기울였다.

1970년 학훈단 8기생으로 군에 입대하여 병역의무를 마치고 예편 후 바로 학교의 추천으로 천안으로 가서 교편을 잡은 것이다. 돌이켜보면 우리나라 음운학의 최고봉인 이인모 교수를 국문학 과장으로 4년간 모시고 음운학을 배운 행운과, 국보 1호는 남대문이고 인간문화재 1호는 자신이라고 자처하시던 양주동 박사한테 대학 4년 동안 고전문학을 배운 것을 큰 행복으로 생각한다. 그리고 우리나라 민속학 박사 제1호인 임동권 교수한테 민속학을 부전공으로 한 것도 큰 행운아로 생각하면서 이 글을 헌사한다.

잊을 수 없을 겁니다

　내가 학훈단 8기생으로 1사단에 근무할 때의 일이다. 우리 사단은 특별히 금주禁酒 사단으로 유명했다. 장교들도 영외에서 술을 먹다가 순찰 중인 헌병한테 적발되면 여지없이 헌병대로 끌려갈 정도였다. 사단장의 특별 지시로 완전히 금주사단을 만드는 것이 목표였다. 내가 소대장 7개월을 보냈을 때 대대장이 C·P로 나를 불러 군수참모(보급관)를 해 줄 것을 요청했다. 사실은 부대에 배치되어 4개월째에 1군단 사격대회가 있었는데, 우리 사단은 L.M.G 사격 결과가 6.25동란 이후 그때까지 항상 꼴찌만 해온 실정이었다. 그것을 45%의 기록을 내어 새로운 신화를 남긴 일이 있었다. 2등이 24%였고, 그동안 군단의 기록이 25%로 기록되어 있었다. 결국 우승으로 이끈 나는 사단장의 신뢰를 한 몸에 받았고, 사단장은 특별히 우리 대대에 소 한 마리를 부상으로 내려 큰 잔치를 베푼 일이 있었다. 그때부터 대대장은 나를 특별히 대해 주었다. 나는 장기 복무할 것도 아니므로 소대원들과 동고동락하는 것이 좋다고 거절했으나 좋은 인연을 맺자고 여러 차례 부탁을 하여 3일 후에 결국 승낙을 하고 인수인계에 들어갔다. 급한 대로 소대원들을 신경옥 선임하사에게 맡기고 아쉬운 작별을 했다.

　이때 선임 분대장이었던 목포 출신의 조기성 하사가 펑펑 우는 바람에 나도 눈시울이 시렸지만 병사들 앞에서 울 수 없어서 애를 먹은 일이 있었다.

 나는 일단 보급관 책임을 부여받은 이상 평소에 생각해 오던 생각대로 취사장 운영을 100%로 개선하기로 했다. 여기에는 각 중대 인사계들의 협조가 절대적으로 필요했다. 먼저 제일 중요한 2종과 4종을 파악한 다음에, 각 중대 인사계들을 군수과로 불렀다. 취사장 개선을 위해서 협조해 줄 것을 부탁하고 최종적으로 사단장의 복무방침인 금주禁酒 문제를 제시했다.

 첫째로, 특식 보급의 경우 닭고기가 나오면, 마리 수에 따른 식수 인원을 파악해서 보급하는 것이다. 닭 한 마리당 식수 인원이 8명이 필요하면 한 식탁에 8명이 앉고 그곳에 닭 한 마리를 놓아주면 1인당 날개 하나쯤은 먹을 수 있는 것이다. 과거의 식단은 고기는 없고 멀건 국물만 있었다.

 둘째로, 김장을 할 적에 가정을 가진 중·상사들의 사모님들을 동원해서 부대 김장과 그분들의 가정 김장까지 함께하도록 했다. 사모님들의 수고비로 남는 고춧가루와 젓갈 등을 드려도 우리 대대의 김장은 사회의 김장과 똑같은 배추김치와 무 깍두기맛을 먹을 수가 있다. 결국, 이 소문이 퍼지자 타 부대의 지휘관들은 1사단 11연대 2대대의 김치를 얻어오고 그 방법을 배워 가지고 오라고 해서 한때 애를 먹은 기억도 있다.

 셋째로, 자유급식이다. 1971년 우리나라 최초로 자유급식을 하여 육군참모본부에까지 알려진 성공 사례였다. 처음엔 가능할까 하는 기우杞憂도 있었지만 매 끼니마다 병사들의 먹는 양이 조절되기 때문에 밥은 절대로 부족하지 않았다.

넷째로, 사단에서 가장 신경을 쓰고 있는 금주문제였다. 이 문제를 해결하기 위해서 인사계들의 협조를 강력히 요청했다. 보급 장교 개인으로서는 도저히 해결 방도가 없었다. 각 중대별로 자기가 필요로 하는 주량을 파악하여 제출해 주어야 하기 때문이다. 명단을 받아서 그 필요한 양을 병에 담아서 취사장에 놓아주면 식사하러 와서 먹는 것이다. 이 방법은 내 월급으로 해결하기로 결심을 했기 때문에 가격을 절감하기 위해 막걸리로 정했다. 처음에는 10m가 넘게 놓여 있던 술병이 15일쯤 지나니 3병으로 줄었다.

어느 날 인하대학교 씨름선수였던 하사가 내 비오큐(BOQ-독신 장교의 숙소)로 찾아왔다.

"내일부터는 제 술병은 놓지 마세요."

"왜, 끊었나?"

"아직은…… 그러나 오래전부터 생각한 것인데, 취사장에 갈 때마다 제 것이 제일 크잖아요? 제대도 얼마 남지 않았고 그래도 운동이라도 했다는 놈이 저것을 꼭 먹어야 하나 하고 회의도 해 보았고 후배들 눈치도 많이 보았습니다. 또 제대해도 이거 하나를 이길 의지도 없는 놈이 어떻게 사회생활을 하겠는가 하고 생각도 많이 했습니다."

"이길 수 있겠는가?"

"이거야지요. 보급관님 같으신 분 만났을 때 해결을 봐야지요."

"그래 잘 생각했어. 술 생각이 나면 가끔씩 내 방으로 오게. 이건 비밀이야. 밖에서 먹다가 순찰 헌병한테 걸리면 그때는 골치 아프거든."

금주 문제는 사단장님의 특별 지시야. 제대하면 인하대학으로 가겠지?"

"예. 씨름부의 코치로 갈 것입니다. 한 번 놀러 오세요."

"암, 자주 만나야지. 그때는 계급장을 떠나서 동등한 입장에서 코가 삐뚤어지도록 마셔보세."

"제대해도 보급관님은 잊을 수 없을 겁니다."

돼지의 탈출사건

"**돼**지가 열차에서 도망갔어요."

1970년 내가 학훈단 (R.O.T.C.) 8기생 출신으로 소대장을 하고 있을 때의 일이다. 그때는 부정부패로 사회는 물론, 군대까지도 정의를 말하는 사람이 오히려 낙인이 찍혀 곤욕을 치르거나 불이익을 받던 시기였다. 취사에 보탬을 준다는 이유로 각 중대는 소대별로 돼지를 키우라고 상급 부대로부터 명령이 떨어진 것이다. 내가 서울 이남인 2군도 아니고, 서울 이북인 1군에 근무하고 있을 때의 일이다.

우리 중대는 중화기 중대이므로 L.M.G.(기관총) 2개 소대와 박격포 1개 소대로 구성된 중대이므로 돼지 3마리를 키워야 한다. 일종의 영농사업으로 그 돼지를 키워 부대원들의 영양보충에 쓴다고 했다. 그러나 그 돼지가 어미가 되어 부대원들의 취사용으로 사용된 일은 없었다. 왜냐하면 나는 소대장 7개월을 마치고 바로 군수장교(보급관)로 발탁되어 대대참모로 1972년 6월 말 전역할 때까지 취사장을 운영하였기 때문에 잘 알고 있다. 중간에 흐지부지 돼지만 없어지고 말았다.

다시 열차에서 돼지가 도망간 사건으로 이야기를 옮긴다. 당시 내가 근무하던 8중대는 3개 소대가 있었으므로 돼지 3마리를 키워야 했었다. 그 당시에만 해도 1개 중대에 대학교를 졸업했거나 재학 중인 출신은 거의 없을 때였다. 중화기 중대는 화기 자체가 수학적 계산이 필요한 화기이므로 8중대에는 비교적 학벌이 높은 출신들이 배치되고 있었다. 3개 소대 130여 명의 8중대에 대학 출신은 서울 S 대학을 졸업한 정 하사 한 명 뿐이었다.

돼지를 가져올 수 있는 병사에게는 10일간의 임시 휴가증을 발급해 줘서 귀가를 시켰다. 경기도 수원의 고급 주택에 살고 있던 정 하사는 자신이 돼지를 가져온다고 신청을 했다. 내가 소대장 때 정 하사의 집을 방문한 일이 있었기 때문에 사정을 잘 알고 있다.

돼지를 가지러 갔던 병사 두 명은 휴가 10일 중 8일이 되자, 흰 자루에 돼지 새끼 한 마리씩 메고 귀대했다. 그러나 정 하사는 휴가 10일 날 마지막 6시경에야 빈손으로 귀대했다. 중대장은 왜 돼지를 안 가지고 덜렁덜렁 빈 몸으로 왔냐고 꾸짖었다.

"죄송합니다만 돼지를 자루에 넣어서 열차에 싣고 수원에서 서울로 오는 중에 열차 안에서 도망을 가서 할 수 없이 빈손으로 왔습니다."라고 변명을 했다.

그의 변명을 누구보다도 나는 잘 알고 있다. 할 수 없이 중대장은 우리 소대에 특명을 내렸다. 오늘 밤중으로 특공대를 조직하여 돼지를 채우라는 명령이었다.

"중대장님, 그것은 절대로 안 됩니다. 차라리 내일 마을에 나가서 제 월급으로 사서 채우겠습니다."

"2소대장, 그럴 필요 없어요. 특공대만 조직하면 모든 것이 다 해결될 것입니다."

나는 소대원들에게 특공대 조직은 절대로 안 된다고 신신당부하고 비오큐(B.O.Q.-독신 장교의 숙소)로 들어 갔다. 그런데 선임 분대장이었던 목포 출신의 조기성 하사가 중대장과 내가 주고받는 이야기를 엿들은 모양이다. 우리가 소대장님한테 부담을 드릴 수 없으니 오늘 밤 3개 조로 특공대를 조직한다 하고는 결국 마을로 들어가 조별로 한 마리씩 돼지를 훔쳐 가지고 왔다.

날이 밝자, 부대의 위병소 앞에서 마을 주민들이 항의를 하고 난리가 났다. 나는 고민에 쌓였다. 이것은 중대의 문제를 넘어서 연대와 사단의 문제에까지 부닥칠 일이기 때문이다. 내가 군대 생활을 하면서 가장 비굴하게 살아온 일면인 것이다.

중국 은殷나라 시조 탕왕湯王은 세수 대야에 '일일신 우 일신日日新 又日新'이라 써 놓고, 매일 보면서 마음속에 새겨, 새 얼과 새 넋을 간직한 성군聖君이 되었다고 한다. 현자賢者는 학문의 거울에 늘 자신의 새로운 얼인 정신과 새로운 넋인 영혼을 비춰보면서 자기의 화장을 한다고 한다.

티 없이 해맑은 소녀의 풋풋한 얼굴, 청청하고 고결한 기상에 넘치는 젊은이의 얼굴, 햇빛에 그을린 농민의 순박한 얼굴, 노동자의 혈기 왕성한 건강한 얼굴, 적을 단번에 집어삼킬 만큼 매서운 매의 눈을 가진 군인의 얼굴, 고상하게 늙어 근엄하게 보이는 노인의 얼굴, 어머니의 자애롭고 고결한 얼굴, 정말 성실과 진실로 생활하는 얼굴, 여기서 나는 어느 얼굴일까?

결국, 나는 잠을 이룰 수가 없었다.

박정희 대통령 시대의 일이다. 대통령의 신임을 묻는 국민투표가 있을 때의 일이다. 반대표를 던지면 안 된다고 1주일을 각 소대별로 내무교육을 시키고, 반대표가 나오는 부대에서는 소대장과 중대장이 사단으로 불려가서 호되게 꾸중을 듣고 책임감을 지고 시말서를 써야 돌아올 수 있었다. 투표 날에는 투표지에 O. X. 만 표기되어 있어 각 소대별로 투표를 하는데, 소대장이 자기 소대를 관장한다. 소대장은 투표용지의 O에 손가락을 대고 앉아 있다. 드디어 우리 소대의 정 하사의 차례가 되었다. 그는 여지없이 X표에 도장을 찍었다. 우리 11연대에서는 단 한 명이 나와서 나와 중대장은 사단장 앞으로 불려가서 큰 망신을 당했다. 다행히 소대장 4개월 차에 군단 사격대회에서 6.25동란 이후로 계속 꼴찌만 해온 우리 사단을 1등으로 끌어 올려 사단장의 사랑을 한 몸에 받았던 일이 있었다. 그동안 L.M.G.(기관총) 최고 기록이 25%였던 것을 45%로 끌어 올려 새로운 신화를 남겨 사단장은 나에게 소 한 마리를 부상으로 내려 우리 대대가 크게 잔치를 치른 적이 있었다. 결국 사단장은 "그때를 생각해서 내 용서를 해줄 테니, 돌아가서 정 하사의 집을 한 번 방문하여 어떤 환경인지 자세히 살펴보고 와서 개인적으로 보고해"라고 하였다. 그 대신 정 하사의 본인은 모르게 해 달라고 요구했다. 그리고 중대장에게 연대에 연락해 줄 테니 임시 휴가증을 발급해 주라고 했다.

그런 연유로 나는 수원에 있는 정 하사의 집을 방문했다. 그 집에 가서는 정 하사를 특별히 아끼는 소대장이라 휴가를 가는 중에 잠시 들렸다고 거짓말을 했다. 그 부모님은 고개를 갸웃하면서 뭔가 의심을 하는 모습이었다. 혹시 군대에서 사고라도 친 것은 아니냐고 묻기도 했다. 절대 그런 일은 없으니 염려하지 마시라며, 편지라도 띄우면 알 것이니 걱정하지 마시라고 했다. 그날 나는 그 집에서 후하게 대접을 받고 귀대하였다.

정 하사가 제일 존경하고, 무서워하고, 그의 말이라면 무조건 따르는 이가 3소대(박격포)의 문 하사였다. 문 하사는 인하대학교 씨름선수였다. 체격이 이만기 선수보다 더 크다. 나는 문 하사에게 정 하사가 제대하고 나가는 날까지 자중하도록 잘 이끌어 달라고 부탁을 했다. 문 하사는 정 하사는 내 말은 무조건 따르니 걱정하지 말라고 나에게 힘을 주었다.

내가 소대장에 막 부임해서 3일째 아침 점호를 취할 때의 일이다. 점호 시간도 늦게 나오고 제일 뒤에 서서 바른 자세는커녕 늘 삐딱하게 서곤 했다. 그것이 눈에 거슬러 "내 저 놈을 영창에 보낼 것이다"라고 했다. 그때만 해도 보수교육을 막 끝내고 부대에 배치되어 정의감에 불타던 시기였다. 알고 보니 정 하사는 사고를 많이 쳐서 제대가 2년이나 늦어진 상태였다. 내가 소대원들의 신상파악을 하지 않았을 때의 일이다. 중대장이 미리 예비지식으로 알려 준 바도 없었다. 우려대로 정 하사가 탈영을 해서 문 하사가 잡아 온 적이 있다. 일산으로 올라가는 산꼭대기에 앉아 있는 것을 발견하고 타일러서 데려온 것이다. 내가 영창에 보낸다는 말에 크게 자극을 받았다는 것이다. 이미 헌병대에 잡혀가서 곤욕을 치른 경험이 있어서, 이제 마음을 가다듬고 제대하는 날까지 최선을 다 하려고 하는데, 막 부임한 소대장의 말이 너무 자극적이었다고 했다. 특히 학훈단 출신의 소대장이 와서 희망을 갖고 있었는데 실망이 너무 컸다고 했다. 나는 문 하사와 정 하사를 내 비오큐로 불러서 술 한 잔을 기울이면서 이야기를 나눴다.

"내가 막 교육을 마치고 와서 정의감에만 불타서 그랬을 뿐이지 다른 뜻은 없으니 용서해 주구려. 그 대신 정 하사는 제대하는 날까지는 2개월에 한 번씩 10일씩 청원 휴가를 보내 줄 테니 우리 잘 지내 봅시다. 그리고 우리 사단은 이미 금주禁酒사단이므로 오늘 술은 비밀로 하세."

정 하사는 생각이 달랐다.

"소대장님의 뜻은 고맙지만, 저는 받아들일 수 없으니 청원 휴가는 다른 병사에게 혜택을 주십시오."

나는 문 하사에게 눈짓을 하며 내가 사과하는 의미에서 소대장의 자존심도 다 버리고 특별히 생각해 본 성의이니 받아 달라는 뜻을 전했다. 그러자 문 하사가

"야, 정 하사. 네 자존심이 강한 것은 누구보다도 내가 잘 아는데, 소대장님은 이제 겨우 부임한지 3일밖에 안 되었어. 너의 과거사를 알 턱도 없거니와 우리가 경험한 바로는 학훈단 출신 소대장님들이 소대원을 아끼는 사실은 이제까지 쭉 경험해 본 것이 아니냐?"

고개만 푹 숙이고 있던 정 하사는 갑자기

"제가 제대를 해도 소대장님은 잊지 못할 것 같습니다."

하면서 무릎을 꿇었다.

"아, 아니야. 자리에서 일어나게나. 나도 정 하사와 문 하사는 잊지

못할 것이네. 그리고 내가 고향에 다닐 때는 항상 수원을 지나게 되니 그때마다 자네 집에 들러가겠네. 그리고 대학 때는 신문사 기자로 활동하였기 때문에 서울대(수원 농대) 앞 저수지에 낚시질도 많이 갔고, 그 옆에 딸기밭으로 야유회도 자주 갔었지. 그래서 향수가 있는 곳이야. 그리고 문 하사는 인하대학교 씨름부로 다시 가겠지?"

"아마도 씨름부의 코치로 갈 것입니다."

"그러면 나도 예편하면 우리 셋이 만나서 계급장을 무시하고 코가 삐뚤어지도록 술이나 먹어보세. 수원도 좋고, 인천도 좋아. 대학교 때 나는 고학을 했기 때문에 인천에서도 2년이나 통학을 한 경험이 있어. 제물포역 앞 박문여고 입구에서 1년, 동인천역 옆에서는 웅변학원을 차려놓고 1년을 보냈지. 마침 인천 경찰서장이 당신의 딸에게 웅변을 가르치기 위해서 사무실을 얻어주어서 고맙게 사용했지. 1969년 4월 19일 제 9회 4.19 기념식(국회 의사당-시민회관 모두 광화문에 네거리에 있었음) 때 본교 총학생회장이 낭독한 원고도 이 소대장이 쓴 것임을 밝혀두네."

"소대장님은 인천이 특별한 추억의 도시군요. 그러면 인천에서 두 번 만나고, 수원에서 한 번 만나는 것으로 하지요."

"정 하사, 네 의견은 어떤지 의견을 말해보렴."

"나는 형님 하는 대로 따라 갈게요."

"정 하사, 오늘따라 왜 점잔을 빼는가?"

"우리 이렇게 하도록 하지. 정 하사와 문 하사와 우리 세 사람은 제대하면 의형제를 맺도록 하면 어떨까? 그러면 자주 만날 수도 있고 서로 사회생활도 밀어주고 도움이 된다면 도울 수 있게."

"좋은 생각인데요."

"아마 제대해도 소대장님은 잊지 못할 것 같습니다."

정 하사도, 문 하사도 똑같은 표현을 한다.

"그러면 우리 좋은 의미에서 임시 의형제의 시동을 걸어 보세. 내가 손을 내놓으면 그 위에 자네들의 손을 겹쳐 얹게."

세 사람은 손을 겹쳐 얹고 난 다음 서로 얼싸안고 한동안 서로 체온을 느꼈다. 소대장과 병사간의 특별한 한 순간이었다.

제5부

인생열차

나의 하루
만소滿笑·소희笑喜
책 읽기 사랑법
빗속에 대리석을 세워라
부평초
가요곡歌謠曲
마이 웨이
공적公敵
청평으로
아물지 않은 전흔戰痕
삶의 질에 대한 답
10년 후, 나
특별한 표창장
인생열차

나의 하루

파랗게 부서지는 하늘을 한팔로 안고 자꾸 뒤로만 달리는 산과 들이 하늘빛에 잠겨 들고 있는 모습을 앉아서 바라보았다. 겨울논의 파수꾼인 양 쓸쓸히 서 있는 허수아비의 침묵은 까맣게 잊어버린 지난날의 아픔들을 다시 긁어모은다. 찬 계절이 되어도 돌봐주는 이 없는 빛바랜 가짜 인간을 보면서 결국 우리 역시 허수아비의 모조품일 것이라고 생각했다. 내가 언제나 거닐며 꿈을 키웠던 들국화 만발한 산길도 지금쯤은 세상 사람들의 관심 밖으로 버려진 채, 나를 기다리고 있을 것이다. 비록 온통 꽁꽁 얼어 붙이는 강추위 속에서라도 나를 바라보며 아프게 피어나려 하지 않을까? 연보랏빛 꽃잎이 파르르 떨릴 때마다 이름 지을 수 없는 신성한 향내를 내뿜는 것이 내겐 일종의 숭고함으로 여겨졌다.

햇빛이 차창에 부딪쳐 강한 빛을 내뿜는다. 온 세상의 어둠이 나를 향하여 다가온다. 작은 모습으로 대지 속에 안기고 싶은 충동을 느낀다. 낯익은 풍경들이 한 뭉치의 실타래처럼 겨울 냄새를 풍기며 스쳐 지나간다. 그리움이 나의 전신을 부르르 떨게 한다. 굵직한 밤나무가 온산을 뒤덮고 사철 푸른 대나무 잎들이 둘러싼 조그마한 땅에 안긴 나의 집이 떠오른다. 빛바랜 지붕, 덕지덕지 붙어있는 담장의 이끼 아래

소꿉장난하고 있을 어린 동생과 지친 모습으로 저녁 준비를 하고 계실 어머니의 모습이 떠오른다. '소중한 나의 사람들' 집에 가면 어린 동생을 꼭 껴안아 주고 집안 식구들과 멋진 인사를 해야지 하고 생각했다. 버스에서 내리니 싸늘한 겨울바람이 전신을 파고든다. 마을의 입김을 가슴으로 안으며 부지런히 걸었다. 개의 울음도, 차의 빵빵 소리도 들리지 않고 다만 나와 밤하늘의 별들만이 그토록 그립던 길을 동행하고 있다.

작은 불빛을 포근히 안고 있는 나의 집이 보인다. 싸리문을 열고 토방에 올라서니 어머니의 조그마한 모습이 눈에 들어온다. 그러나 생각했던 인사말은 나오지 않고 보랏빛 상상도 허물어지고 싱거운 상투어로 그간의 헤어짐을 채우고 미지근한 숭늉처럼 감동 없이 옷을 갈아입고 부엌으로 갔다. 비좁은 공간에서 연신 허리를 굽히며 식사 준비하는 어머니의 모습이 왜 이리도 가슴 아프게 파고드는 것일까? 쉰도 채 안 되었는데 어느새 눈가에 잔주름이 만연하고 그 곱던 손도 무말랭이처럼 퇴색해 버려서 그간의 어머니의 세월을 말해주고 있었다. 그것이 말 없는 희생이라고 생각하니 내 존재가 부담스러워 빨리 크고 싶다는 욕망이 앞선다. 소매를 걷어붙이고 그을음을 아무리 닦아도 제 빛을 발하지 못하는 부뚜막을 훔쳐내면서 그만 콧등이 시큰해짐을 느낀다.

그 밥 짓는 짧은 시간에 우리 모자는 그간의 잡다한 얘기를 주고받았다. 흙 파먹고 사는 것이 힘드니까 너만큼은 그 짓 안 시키려고 지금 이 고생을 한다며 자랑스럽게 바라보던 어머니의 미소가 왠지 햇빛 아래 커다란 눈덩이를 뭉쳐놓은 듯 자꾸만 허물어져 가고 있다. 어머니가 자랑스럽게 생각하고 있는 만큼 내가 그렇게 존재했을까?

큰 상을 펴고 식구들이 모두 식사하기 위해 모여들며 그들 모두가 일제히 나를 향해 그간의 얘기들을 묻는다.

"너 이 밥그릇에 두 번을 먹어야 내가 안심한다."

밥 많이 먹으라고 성화이신 아버지의 말씀대로 맛있게 두 그릇을 해치우고 나면 그 포만감과 행복은 이루 말할 수 없다.

점점 겨울밤이 여물어가고 있다. 차가운 겨울바람이 조금도 쓸쓸히 들리지 않고 대나무 잎 스치는 소리가 연신 들리는 계절, 밤이 지겹지 않은 것은 고향에 온 탓일까? 초·중학교 앨범을 꺼내 보고 조금 있으면 또 하나 만들어질 고교 앨범을 상상해 보면서 사진마다 시선을 놓아본다. 플라타너스 나무가 하늘을 가리고 그 아래서 친구들과 어울려 찍은 낭만 깃든 사진들. 어느새 나만의 세계도 꽤 큰 폭으로 포물선을 그리고 있었다.

그땐 꿈을 이루기 위해 많은 노력을 했었다. 책 읽기를 좋아하고 그래서인지 훌륭한 문학가가 되어 인간의 모순을 규명해보고자 했다. 꽃 한 송이와 벌에서 수필의 소재를 찾고 작은 길을 걸어가면서 해가 지도록 명상에 잠겨보고……. 하지만, 고등학교에 입학하고 책을 대하는 횟수가 적어지고 입시에 쫓기다 보니 가끔 일기장을 대하는 것이 나의 생활의 전부였다.

진홍빛 꿈들도 현실적인 꿈들로 변해버리고 명상에 잠길 이유도 찾지 못하고 친구에게 편지 쓰는 것조차 인색했던 것을 보면 어느새 나도 어른이 되어 가고 있었나 보다. 이제 몇 발자국만 옮기면 고교시절도 마지막이다. 누구의 동정도 여물기를 꺼려했던 나의 가슴 속에는 은밀히 익어가던 뜨거운 사연들을 가슴속에 담아 일기장에 끼워놓고 새로운 삶을 위해 채찍을 가해 보고자 한다.

　그리움을 안고 찾아오는 아들의 모습을 바라보는 어머니의 긍지가 부디 여문 씨앗이 되길 빌며, 툇마루 반쪽에 걸터앉아 깊어가는 밤을 바라보면서 넝마주이처럼 하루의 형상을 지켜본다. 오늘 하루는 아플 정도로 빨리 갔다. 전봇줄 사이로 희미하게 밝아오는 새벽을 이 고향집 마루 끝에 앉아 맞이하고 싶다. 벌써 시계 소리가 희미하게 들려 온다.

만소滿笑 · 소희笑喜

밤을 모르고 사는 인간에겐 얼마나 지루한 삶의 가공이 장식될까? 밤의 대화를 듣지 못하는 인간들의 마음은 얼마나 단순할까? 마음이 단순하면 생각하는 각도가 퍽 단순할 것임은 틀림없다.

그러나 밤을 아는 사람보다 육체적인 성장은 빠를 것이다. 아니다. 육체적인 성장은 그야말로 윤이 날 것이다. 그러나 정신적인 면에선 거의 제로인 것이다. 백치白痴에 가까운 고기 덩어리~.

아네모네는 밤에만 핀다고 했다. 미안未安의 밤이 흐느끼도록 메마른 화단에서 자라고, 피어난다고 했다. 얼마나 풍성한 상념을 지닌 존재일까?

그러나 그도 아직은 가난하다. 정신과 육체가 병행한 완전한 꽃이 될 수는 없지만 그래도 아직은 마음이 가난하다. 아주 바보 아니면 천재인지도 모른다. 하지만 이해가 간다. 멀리 떠나는 것이 자신을 위한 현명한 길이며 올바른 생각인 거다. 2만여 명이 군림하는 이 학사의 전당, 여기 생활면에선 나보다 나약한 학사가 한 명도 없다고 나는 본다. 그러나 나는 마음만은 그 누구보다도 가난하다고 생각해 본 적은 한 번도 없다.

그러므로 나는 웃어야 한다. 기뻐해야 한다. '밤'에게서 배운 힘이 있다. 더구나 밤바다를 거닐어 보라. 여기에 무슨 잡념이 생기며 작은 마음이 자신을 압제 하겠는가?

밤바다는 나에게 많은 것을 가르쳐 준다. 어둠 속에서도 언제나 태연히 율동(윤무)하는 그 자태가 장비의 위엄이다. 대망과 다양이 진하게 노을지는 저 밤바다~! 생각하는 갈대가 되련다.

"희망은 가난한 자의 양식이다"

- 탈레스

「벌레 먹은 장미」를 읽은 기억이 있다. 퍽 저속한 책자라 상을 찌푸려 버렸지만 그래도 나를 구해준 구절이 있었다. 왜 인간은 벌레 먹게 자신을 보호할 줄 모르는가 말이다. 그러나 인간의 힘이 모자라는 것은 아니다. 내가 나 자신도 모를 만큼 이상야릇한 것이 인간인 것이다. 더구나 인간 심리란 '새벽'과 같은 것. 사회란 늘 인간 심리 속에 도전해 오고, 1라운드, 2라운드 실력을 겨루는 동안 피로에 지친 인간은 자신도 모르는 사이에 하나의 관형어가 되어버리고……. 미궁의 꽃밭이 형성되면 거기에서도 가장 화려한 장미가 되어버리는 것이다.

그러나 그 장미가 피기도 전에 가시에 병이 나고, 온통 벌레 먹은 생리를 보유함도 극도의 사실이다. 그럼으로써 완전히 태양을 등진 채 검은 베일을 뒤집어쓰고 산다. 정말 인간은 '새벽'과 같은 것, 장미가 피기 전에 가시에 병이 난다.

바람 부는 곳에 촛불을 내놓으면 불길은 흔들리고 광명이 고르지 않다. 우리의 마음도 바람 앞의 촛불 같은 것이다. 외부의 조건에 흔들리기 쉬운 한 개의 촛불이다. 빛이 흔들리지 않으려면 바람을 막아야 한다.

어느 시인의 메모장을 보니 '바닷바람은 짜다'고 적혀 있었다. 물론 바닷물이 짜니까 시인의 미각으로선 그렇게 감미感味했을 것도 당연하다. 봄에 벌 나비와 대화를 해보지 않고는 복사꽃이 왜 피는지 알지 못할 것이다. 마찬가지로 바다를 모르고선 짭짤한 바닷바람을 논하지 못할 것이다. 그것이 추상이건 실물이건 관계는 안 된다. 그 사람이 어떻게 어느 방향에서 보고 무엇을 느끼고 무엇을 배우건 그건 각 개인의 산하에 직관되는 사고思考인 것이다.

나는 바다를 사랑한다. 바다에게서 모성애母性愛를 배우고 당신의 대화對話를 듣는다. 바다! 그것은 무한한 신비의 세계다. 저 바다가 없었다면 나는 존재 가치를 느끼지 못했을 것이다. 나는 많은 것을 배웠다. '벌레 먹은 장미'의 살충제를 배우고, 넓은 어머님의 자상을 배웠다. 임은 저 바다에게서 맑은 초록별의 대화를 들었다. 그리고 무한히 강江이 흐르는 뜨거운 입김도 배웠다.

바다!

나에게로 더욱 가까이 오라. 더욱 가까이……. 그리고 못다 한 사연에, 가난한 마음에 풍성히 코스모스 꽃씨를 뿌려다오. 나는 영원히 배우고, 영원을 살다가 가리라.

〈1969년 1월 9일(목), 맑음〉

책 읽기 사랑법

우리는 한 장의 편지를 쓰기 위하여 얼마나 많은 파지를 양산하고 있는가. 아니 몇 장의 원고지를 채우기 위하여 소중한 밤들을 머리를 싸맨 채 흘려버리고 있는지 모를 일이다. 이러한 현상은 어디에서 비롯되는 것일까? 변명하자면 작문 실력이 없어서, 자신의 생활에 별반 재미있는 사건이 흡입하지 않기 때문에, 귀찮아서 등등 이유가 많은 것이다. 그러나 그 어느 것도 우리들의 글 기피증을 해소해 주지 않는다. 오히려 독서에 대한 혐오와 공포감을 촉진시킬 뿐이다. 때문에 우리들은 설혹 독서를 한다 하여도 책의 내용에 끌려가는 독서를 하게 된다. 이를테면 그것은 어린 나무가 수액을 빨아들이기를 거부하는 것과 같다. 즉 책에서 전개되는 자유로운 상상력의 미적구조를 탐식할 수도 없으며 그만큼 사고의 경직화를 초래하게 되는 것이다. 따라서 우리의 젊음은 누런 떡잎처럼 노화 당할 위험성마저 있는 것이요, 각자가 편협한 교양 내지는 건조한 성인으로 치닫는 데 만족해야만 하는 경우를 당할 것이다.

그렇다면 이러한 독서 기피증을 극복하는 방법은 없을까? 친구 '상국'이는 문장력을 기르는 가장 좋은 방법으로 연서連書를 쓴다고 한다. 생각이 안 나고 콩알만 한 생각이든 말라비틀어지고 나무젓가락 같은 상대이건 간에 '상국'이는 어둠을 환하게 밝혀 연서를 꾸민다고 했다.

'상국'이의 글들은 구슬같은 일편단심 정성의 결정알들임에 틀림없다. 하지만 우리들의 상상력은 보다 많은 체험을 원하고 있다. 풀이하자면 멋스럽고 자유자재로 글을 창조해 내기 위해서 직·간접적인 체험이 밑거름으로 발효되어 있어야 한다는 것이다.

'상국'이가 펜을 놓고 다음 문장을 잇기 위해 묵상하는 것도 체험의 부족으로 인한 것이라 자인한다. 그리고 그 체험의 가장 중요한 구성 요소는 독서라고 한다. 독서란 창조적인 모방이다. 환자의 혈관에 들어가 함께 공존 공생한다. 그만큼 독서의 탐마에서 우러나오는 즙은 진한 것이다. 내가 일반적으로 배운 독서의 방향은 다독, 정독, 발췌독 등이 있다. 그러나 만화책을 제외하고 백여 권도 채 소화해 내지 못한 나에게 이론적인 독서의 방법은 다소 허황한 느낌을 주기도 한다. 그리고 내가 간접적으로 측정하는 독서량에 있어서는 읽은 책의 양에 대한 자부심 내지 편견이 진정한 독서의 소득이 아닐 것이다. 그래서 '상국'이가 실행하는 독서의 한 가지를 소개한다. 단행본이건 계간지, 월간지이건 우선 읽을 그 작품의 제목과 작자 명을 공책에 기입한다. 그리고 장편일 경우 제목과 그에 따르는 부제들을 연관시켜 내용을 읽기 전에 자신의 나름대로 상상해 본다.

끝으로 작품 읽기를 마쳤을 때 다시 펜을 들고 작품에 대한 자신 나름대로 소견을 긁적인다. 여기에서 소견이라 함은 다양할 것이다. 즉 자신의 느낌에 따른 투시라 여겨지며 그 종류를 든다면 문체에 대해서, 스토리 중심으로, 주인공 중심으로, 분위기나 배경, 작자 등이 있다. 이렇게 독후감을 노트 한두 장 정도의 분량으로 기록 내지는 창작해 내려 다보면 한번 읽은 책을 두 번 세 번 거듭 펼쳐봐야 하는 경우도 생길 것이다. 그리고 가슴 속에 용해되지 않았던 사연들이 봄눈 녹듯 녹아 들어올 부분도 생길 것이다. 책 내용은 어렴풋하게 생각나는데 작자 명이나 작품명이 생각나지 않는다는 식의 나태한 독서방법도 극복하게 될 것이다.

한 가지 더 귀띔 하자면, 이렇게 미리 정리된 독후감을 국어숙제 대치용으로라도 사용한다면······. 이와 같은 독서 후의 처리가 누적되었을 때 비로소 우리들은 독서의 방법에 대한 소화 능력이 트일 것이다. 그리고 상국이가 말하던 상상력의 단절도 극복되어질 것이다.

영화 「사랑할 때와 죽을 때」에서 부인의 사연을 못다 읽은 채 죽어가는 병사. 그 병사의 식어가는 가슴이 비록 영화의 가슴이라 할지라도 나는 그 가슴으로 늘 뜨거운 체온을 유지하여야 한다는 친구 '상국'이의 독백처럼 독서의 미로를 통하여 가슴에 열리는 성숙이란 꽃봉오리를 틔워 우리들의 사계절에 사랑의 열매를 가꾸기로 했다.

빗속에 대리석을 세워라

대리석 계단을 놓아라. 나는 늘 생리의 연속을 따라서 생활하고 있는 것이지 지구의 공전이나 시간의 윤회에는 구애받지 않는다. 옥이의 글을 받고 좋아 날뛰던 학사 시절의 나와 지금의 나는 별개다. 그때만 해도 나의 철학은 어느 한 부분을 면하지 못했던 것임에 틀림이 없었을 것이다. 내 생에 모체母體의 진귀함을 찢겨버리고, 그렇다고 내 생에서 어떤 생활을, 어떤 이미지를 뼈저리게 느낀 것도 아니다. 그저 그때만 하여도 나는 내가 퍽 어민들 속에서 낚시질하는 것만 좋아하면서 단순하게 살아온 시절이었기 때문에 어느 면에서는 단순했었다고 느껴졌다. 학창시절과는 차이가 있고 또 인생의 한 구간에서 지금 내가 배운 것은 무한이 많다.

지금 밖에는 비가 내리고 있다. 고등학교 3학년 시절, 나는 성모마리아상을 죽을 만큼이나 동경하고, 또 그에게서 한 여성을 얻어 생의 의미를 구가해 온 일이 있었다. 몹시 비가 내리던 날이었다. 이맘때쯤 나의 세계는 어느 면에서는 차갑기까지 했지만, 그날은 포근히 녹아 흐르고 있었던 것 같다. 왜? 그때만 해도 나의 작은 철학은 성장을 모르고 먼 곳으로 여행을 갔던 것 같다. 차갑기만 한 세상의 명리에 나는 깊이 잠겨 들어야 했다. 지금도 내 옥이의 사연을 기다리기도 하고, 버리기도 하는 맹독猛毒의 인간이 되어버렸다. 어느 면에서는 나는 마리아의 동정녀에 잔뜩 나의 세계를 보내고 있었다. 내가 현 직책에 오면서 나에게서 생을 찾으라고 하면, 나는 그저 남의 것은 넘겨다보지 말라는 신조뿐~. 내가 너무 가냘프게 되어버린 것 같기도 하고, 무척 수척해 버린 내 정신을 가다듬어야 했다.

우리 군수과의 장래~ 군수물자를 다루다 보니 재산 장교에겐 항상 구설수가 뒤따르게 되어 있다. 나를 더럽히는 것은 인간이 아니고 세상이고, 직책이 아니고 군이란 특호의 대명사이다. 하지만 나는 들어야 할 이유가 없다. 나는 어디까지나 '나'이고 또 나는 그런 구설을 들을 이유가 없다. 1972년 1월부터 우리나라에서는 최초로 자유 급식을 실시하여 육군본부에까지 소문이 들어가서 전군에 자유 급식을 장려하기에 이르렀다. 그리고 소고기, 돼지고기, 닭고기 등 특식이 나오면 병사들이 멀건 국물만 먹던 과거 취사 급식을 100%로 방법을 바꿔서 병사들과 심지어는 문홍구 사단장까지 제대하지 말고 별까지 달아 보라고 권고까지 할 정도로 열심히 근무를 했다. 특히 김장은 타 부대의 귀감이 될 정도로 소문이 났었다. 특히 사단장이 금주사단을 명하여 병사들의 술을 끊도록 한 신화는 유명하기도 했다.

1968년 북괴 공비들이 박정희 대통령 목을 딴다고 청와대까지 습격한 1·2·4군 공비 토벌 작전이 있었다. 김신조가 생포되어 모든 것이 폭로된 북한의 악랄함이 드러난 사건이었다. 이로 인해서 문산 지역에서 미군을 철수시키고 1사단을 이곳으로 이동시켰다. 이 때문에 청평 호

수 옆에 있던 우리는 이곳으로 이동하였다. 이동 6개월 후 김창현 대대장이 이동하고, 그 후임에 류 대대장이 부임했다. 이때 나는 최전방 철책선 상으로 이동하여 근무할 때였다. 대대장은 저녁이면 각 참모들 면담을 시작했다. 새벽 2시쯤 나를 불렀다. 매달 부인이 친구와 부대에 들어올 테니 그때마다 자가용 트렁크에 라드나 멸치 등을 꽉 채워야 한다고 윽박질렀다. 거절했더니 구둣발로 정강이를 차기도 하고, 전임 대대장 때는 해 주고 왜 안 되느냐고 협박을 했다. 사실 전임 대대장은 군수물자에 대해선 일체 눈을 돌리지 않는 신사 중에 신사였다.

현 대대장 사모님은 1개월에 한 번쯤은 틀림없이 친구 두 분과 새까만 방개차를 몰고 들어와서 트렁크가 꽉 채워져야 출발을 했다. 리비교에서 헌병대와 보안대에 적발되어 부대에 연락이 올 때마다 그 뒤치다꺼리를 나에게 부탁했다. 나는 PX에서 해결하라고 항의했지만, 그는 항상 계급으로 윽박지르며 쌀 2가마니를 실어다 헌병대와 보안대에 하나씩 주라고 했다. 연대에서는 이것을 다 알고 있었고, 부연대장은 나를 볼 때마다 늘 걱정을 했다. 부연대장은 육사 출신이고 류 중령은 간부후보생 출신이었다. 그리고 부대에 위문공연이 오면 그중 예쁜 여가수 한 명을 점찍어 놓고 그녀와는 CP에서 즐길 수 있게 시간을 마련해 달라고 엄포를 놓기도 했다.

마침 보안대 김 하사는 나와는 동향(온양)출신으로 가깝게 지냈다. 지금은 서산에 와서 직장생활을 하고 있는 중이다. 김 하사는 대대장에 대한 사실을 부연대장께 낱낱이 다 보고했다. 예편한 지금이라도 류 중령에 대해서 고발할 수 있어서 마음이 후련하다.

차분한 날씨- 재웅과 영식, 필수에게 약속을 지켜주지 못해서 미안하다. 그동안의 내 양심은 어디로 피난을 간 것인가. 아니면 비굴해진 것인가! 그렇다고 나를 은폐시킬 수도 없는 노릇이다. 영식에게 전화를 걸었다. 집에 없었다. 연구를 위해 먼 여행을 떠났다는 것이다. 집에 가서 재계획과 아울러 우선 타인의 부채 해결을 해 주어야 했기 때문에 나대로의 계획이 필요했던 것이다. 인간에겐 언제나 진실을 속이고 살 수 없는 것처럼 8일까지 약속한 것을 어기고 있으니, 나는 어이하란 말인가. 하는 수 없이 집으로 다시 돌리는 것이다. 덕신과 함께 여관에 투숙했다. 오늘도 덕신 친구가 계산을 해버렸다. 이렇게 신세지기는 내가 남의 추녀 끝 신세를 지는 것보다 더욱 괴로운 것이다. 더구나 통금 시간이 지나서 집에 알려주러 가다가 파출소에 연행되어 시말서를 쓰고 나온 덕신에 대한 나의 처세가 도리가 아님을 알고 있다.

나는 그 친구들을 위해서 영원히 무너지지 않을 대리석으로 계단을 만들어 놓고 하루에도 몇 번씩 오르내리면서 내 육신과 정신을 깨끗이 정화시키고 내 본연의 자세로 돌아가고 싶다.

부평초

　사람은 매일 매일의 일상생활에서 삶의 가치를 찾으려고 상당한 애를 쓴다. 또한 그렇게 노력하는 것이 올바른 인생의 행로라 할 것이다. 사람들은 생을 아름답게 장식하고 창조하려고 온갖 노력을 한다. 그렇다. 세상에 한 번 태어나서 겨우 몇십 년이란 짧은 세월을 보내다가 그만 어디론가 사라져 버리는 존재가 인간이다. 어디로부터 와서 어디로 가려는 것인지 알 수 없는 인생, 허무하지 않을 수 없는 것이다. 이처럼 바람 주둥이에 내놓은 등잔불과 같이 허공에 뜬 우리 인생을 어떻게 하면 좀 더 가치 있고 힘차게 뛰게 할 것인가. 조용히 생각해 보았다.
　오늘의 생활에 부족함을 인식하고 내일의 생활을 개선하려는 사람들이 있다. 이들에게 나는 '너의 실생활에 있어 매일매일에 극히 미약한 것이나마 유효의 참을 첨가하라'고 말하고 싶다. 아까운 인생이거늘 참된 생활을 등지고 암흑의 세계로 달리는 사람들을 생각할 때 불쌍함이 느껴진다.
　술에 취하여 거리를 휩쓰는 자, 남의 것을 욕심내는 자, 모든 일에 있어서 편하게만 세상을 넘기려는 자, 보잘것없는 자신의 생각을 뽐내려는 자. 자기 책임에 태만한 자, 이러한 자들을 생각할 때 나는 몸뚱이가 부르르 떨린다. 아까운 삶을 그야말로 낭비하고 있다는 생각이 들기 때문이다. 그들에게도 부모가 있고 돈이 있고 뜨거운 방이 있을 것이다.

물론 그보다 난 '경이驚異'라는 철학을 마음에 갖고 있다. 그들은 무엇이 부족하여 욕심과 태만과 자만에 집착하는가. 요즈음 내 뼛속에는 성실한 열정의 생생한 기운이 여물어 올랐다. 모든 일은 자신의 열의와 노력으로서만이 능히 해결된다고 믿고 있다.

어느 날 우연히 어느 분의 경험담을 듣고 놀란 적이 있다.

"나에게는 밥을 굶으면 창자라도 내어줄 친구가 생겼다. 그 친구란 나의 열의와 성심성의와 노력으로서 맺어졌다."

얼마나 고귀한 말인가? 친구란 그냥 우연히 만난 사이라도 내 노력으로 다듬어야 귀한 관계가 된다.

우리 인생이 저 낙원의 꽃동산에서 한 개의 충실한 열매로서 화和하게 하려면 그것에 못지 않을 만큼의 열의와 성실과 노력이 있어야 한다. 그래야 만사는 거리낌없이 해결된다고 생각한다. 기왕에 한평생을 누리고자 이 세상에 태어났다면 크고 아름다운 맺음이 보람이라 할 것이다. 짧은 삶을 보람 있게 산다는 것이 한편으론 아주 간단한 생각인지도 모른다. 그러나 짧은 인생에 내가 남길 수 있는 건 업적보다 향기라는 것을 인식할 필요가 있다.

사나이의 용꿈이 소용돌이치던 고교 시절, 종만, 원형과 셋이서 옥녀봉에 올라갔다. 옥녀봉은 눈 속에 덮였지만 소나무는 포근해 보였다. 숱한 희비의 발자국이 꿈틀거린 흔적이 있다.

아직 우리는 사회에 눈이 뜨이기도 전이라서 즉 봉오리가 피기 전이라서 눈 위에 난 발자국이 예사로 보이지 않았다. 아침저녁으로 심신을 단련하고 왕래한 큰 발자국과 꼬마 아기의 작은 발자국이 있었다. 이 중에서 내 발자국은 어느 편에 속할까? 눈 위에 발자국을 남겼던 존재들이 지금은 모두 늙어버렸고, 웃음이 있어도 웃을 수 없고 꽃이 옆에 있어도 잡고 늘어질 힘이 없다.

벌과 나비의 생리는 이미 어제 저녁의 하늘 바람이다. 숱한 사연이 파묻힌 옥녀봉이지만 지금은 모두 폐허되었다. 소나무도 더 자랐고 인도人道도 잘 정비되었지만 나의 낭만은 이미 옛 성터에 우북이 돋아난 부평초다. 마음이 없다. 웃음이 있어도 전처럼 한번 우악스럽게 웃어 볼 수가 없다. 내 마음이 가난해진 탓일까? 짝 잃은 기러기의 생리일까?

가요곡 歌謠曲

나의 발은 꿩이 가득한 나무 밑에 머물렀다. 내가 부는 휘파람이 너무나 순수하여 바다가 보존하는 언덕에 흐르고 있다. 아침이면 반짝이는 잎들이 영광의 빛을 보낸다. 우울한 사람들은 하나도 없다. 해 뜨기 전에 일어나 조심, 조심. 늙은 나무 앞에서 샛별을 향하여 턱을 고이고 멀리 빈 하늘을 보노라면 위대하고 순수한 것이 즐거움으로 변함을 느낀다.

나의 말은 속삭이는 나무 밑에 머물렀다. 내가 부는 휘파람이 너무나 순수하여 언덕을 맴돌고 있다. 이런 날을 보지 못하고 죽으려 하는 사람들에게 평화가 있기를 기도해 본다.

그때 마침, 내 친구 시인에게서 소식이 있었다. 나는 그에게 답을 썼다.

"고통은 잠시 피하는 지혜가 필요하다, 여기가 그곳이다."

벗이여!
모래 위에 열린 문이여! 도피처 위에 열린 문이여! 등대 뒤로 달리는 통통배의 반가운 인사는 오늘도 만선이기를 기도해 본다. 안면도 꽃지 해수욕장이 올여름에는 나의 가계부를 꽉차게 해 달라고 빌어본다.

그동안 코로나로 인하여 근 3년을 영업을 못했다. 종업원 월급도 채우기 어려울 정도였다. 여름과 추석, 설날, 크리스마스, 겨울 방학 일부가 성수기인데 거의 놀고 있었다.

벗도 알다시피 나는 퇴직 후 남은 인생을 성실하게 마무리할 명백한 장소를 선택하였다. 안면도에 오는 관광객은 꼭 한번 들려가는 꽃지 해변과 1Km밖에 안 떨어진 거리다. 춘하추동 손님이 안 끊어지는 자연 휴양림 공원과는 불과 200미터의 거리다. 이곳에 '펜션'을 짓고 정착하였다. 코로나 이전에는 방이 모자랄 정도로 영업이 잘되었다. 안면도의 열 개가 넘는 해수욕장 중에서도 이곳이 모든 요건을 갖춘 곳에 위치했기 때문이다. 여름에 해양 경찰이 파견되는 파출소도 이곳밖에 없다. 가히 짐작이 갈 것이다.

어떠한 봉헌奉獻(축복받은 곳)된 언덕에도, 어떠한 신뢰받은 책장에도 이 노래의 순수한 시작은 없을 것이다. 남들은 사원寺院속에서 제단(희망에 참)에 그려진 각적角笛(즐거운 노래)을 부르는데 나의 영광은 모래 위에 있다. 이것은 조금도 실수가 아니다. 이것은 허무에서 나오는 위대한 시詩를, 허무가 되는 위대한 시를 피난처의 모래 위에서 모으기 위하여 가장 적나한 모래성을 쌓는 정성이랄까? 이것은 절대로 실수가 아니다. 이래서 허무에서 나오는 위대한 글(文章)들을, 허무로 되는 위대한 문장들을 피난처의 모래 위에 모으기 위하여 가장 적나赤裸한 곳을 좋아하였다. 휘파람을 불어라. 세상을 지나 오~바다여! 노래를 불러라! 물 위에 오~ 소라 고동이여!

- 벗이 벗에게 보내는 마음

"나는 심연深淵(깊은 추억) 위에, 모래의 연기 위에 섰노라."

나는 모래 언덕 위에 서 있다. 적송이 빽빽한 사이로 갈참나무가 있는 움푹한 곳으로 가서 '희'와의 추억을 더듬으며 가난한 시인이 되리로다. 나는 추억에 잠기노라. 옴팍한 그릇 속에 자겠노라. 모든 헛되고 무미건조한 곳에 권세에는 취미도 없고 줄(빽)도 없는 가족을 쓰다듬어 주는 숨결에 찬사를 보내 준다.

모래가 노래하는 백사장에서 나의 고목枯木은 일어나고, 포장이 넓게 벌려지는 곳에 악기 제조인의 몽상보다 더 조심스러운 발자국이 시작되고, 유조선의 거대한 활동이 지나간 바다는 계속 출렁이고, 그 뒤를 따르는 내 동공에는 갈매기가 동그라미를 만들고, 무슨 먹이라도 찾은 듯 바다를 향해서 수직으로 내리꽂는다. 세상의 모든 일이 헛되다는 것은 하루 녁 세계가 다하는 피난처인 모래성 속에서 바다의 의용병들이 우리에게 이야기하는 것이다.

거품의 지혜여! 소금도 나올 수 있는 생활의 젖줄이어! 아침은 우리들을 위하여 성서聖書 가운데 점치는 손가락을 가져온다. 정신적 피난은 결코 어제의 것이 아니다. 모래성 가운데서 이방인처럼 말하기를 세상의 모든 일이 내게는 서럽구나! 그의 노래의 출처도 이방인의 것이 아닌 게 분명하다.

조금 전에 지나간 화물선에는 무엇이 실려 있을까? 세계를 통하여 행진하는 무기의 큰 사슬처럼 이주하는 사람들도 줄어들었고, 탈북하는 사람들이 감소하는 실정처럼 지금은 중국에서도 탈북자를 잡아 되돌려 보내는 비극을 세상은 다 보고 있는 것이다. 제국의 건립처럼 아~

215

서적書籍 출현에 대한 입술의 요사스러운 사기꾼처럼 행동하는 것을 전 세계가 지켜보고 있다. 세계가 통하는 하늘! 세계를 통하지 못하는 오직 한 족속들! 이 세계의 모든 사장沙場 위에 토하고 싶은 숨결! 영원히 불가지不可知가 아닌 각운脚韻의 중단도 없는 유일한 긴 구절을 토吐하는 같은 물결……. 언제나 바다는 이러한 소요가 있었나니, 언제나 이러한 공포와 아름다운 문장을 함께 지닌 유일무이한 바다와 모래성이 있어서 나는 열망의 눈으로 절정絶頂에 미소를 보낸다. 심한 격랑이여! 같은 나래를 가진 갈매기여, 같은 집을 가진 갈매기여! 재빠르게 도피의 구절句節을 연결하는 갈매기여!

"모래 위에서 내 영혼을 추모하는 노래를 부른다."

나는 '희'야를 아노라. 오~ 괴물이여! 우리, 새삼스럽게 얼굴을 맞대어 보자. 우리가 버려둔 논쟁을 다시 시작하여 보자. 그대는 물 위에 금 잉어처럼 그대의 주장을 고집할 수 있다. 나는 그대에게 결코 휴식도 술잔도 주지 않으리다. 너무나 방문객이 많은 모래사장 위에 내 발자국이 해뜨기 전에 씻겨버렸으니 아쉽기만 하다. 너무나 황량한 모랫벌이 되어버려 내 영혼이 넘어가는 저녁 해에 걸려 버렸다. 할머니 할아버지 바위를 뚫고 통과한 '희'야의 분수를 생각하며 내 생각도 해 위에 걸려 있다. 그대는 또 나에게 무엇을 원하느냐, 오~ 근원적인 숨결이여! 그대는 내 생생한 입술에서 아직도 무엇을 추출抽出하려고 생각하느냐? 오~오~ 내 문지방에서 방황하는 힘이여, 내 길 속에서 탕아의 족쇄 위에서 오~ 바람은 우리에게 그 노래를 부르는구나!

바람은 우리에게 청춘을 말하는구나! 영광이어, 오~ 모래성이어! 모두가 나의 힘이요 나의 현재이다. 아직도 허공의 과제가 연기를 뿜고 있다. 밤마다 내 문지방 위에 이 무언의 괴성이 높아 갈수록 밤마다 껍질 속에서 세계의 모든 모래사장 위에 하나의 긴 노래가 있다. 나의 존재로 자라나기에는 너무나 야성적이어서……

이렇게 높은 곳에서는 그대 문지방의 절벽에 이르지 못하겠다. 오~ 새벽에 검劍을 잡은 자者여 철필鐵筆 아래서 가장 못난 딸들을 기르는 자者여! 바야흐로 출생하려는 모든 일은 세계의 동쪽에서 전표戰慓하고, 출생하는 모든 육체는 태양의 첫 불을 환호하고 있다. 영혼의 부활처럼 세계에서 일어나는 가장 막연한 기운을 보라. 그대는 결코, 잠잠하지 마라. 난 모래 위에서, 모래 언덕 갈잎나무 웅덩이에서 인간의 모든 위안을 함께 받으며, 누가 또한 그 출생처를 알리요?

마이 웨이

어둠은 파도를 핥으며 밀려온다. 촛불을 들고 바람을 향해 돌진하던 나는 지난날의 허무에 시달려야 한다. 십이월 보름, 내 작은 창들은 원 없이 울었다. 내가 사랑한 이여, 해가 다 가는 것이 그렇게 아쉽고 허무한 것인가! 불면증 때문에 살아왔던 여러 날, 오늘 밤에도 밤새도록 누굴 욕하며 지낼까? 아니 다정한 나의 친구를 생각하고, 우리의 삶을 생각해야겠다. 우리는 흔히 성공의 목적으로 아름다운 진리를 허물어 버린다. 허물어진다는 것은 슬픈 것인데, 좀 더 행복해지려고 그 조그만 행복을 위해 위선과 가식, 모순과 거짓 사이를 시계추처럼 반복하는 것인가!

사람들은 산다는 것 그 자체에서 지나치게 지름길만을 찾으려고 몸부림치는 것 같다. 삶이란 살펴 살기보다는 느껴가며 살아야 될 것 같다. 애굽에서 가나안까지 긴 여행에서 느꼈던 유대인을 보면 목적지에서 얻은 만족감보다 그곳을 향하는 과정의 어려움이 더 험난하고 뼈아픈 고통이 아니었는가? 결국 승리는 허탈이라고 말하고 싶지 않은가? 하고 묻고 싶다.

그러면 진정한 승리는 무엇인가. 어느 마라톤 선수의 말처럼 다른 사람과 경쟁에서 이긴 것이 아니고 자신과 싸워 얻은 것이라고 했다. 이것이야말로 진정한 승리일 것이다. 그러면 진정한 행복은? 잠시 생각해 본다. 사람은 결국 혼자라는 것을~. 하지만 아직도 소중한 것이 있다면 생각한다는 것과 변화한다는 것이다. 성장하며 올바른 삶에 가치를 추구하며 하나하나 이룩하는 것은 즐거운 일이다. 젊은이는 고통스러워하며 창조적 고독을 경험하고 하루살이의 울음소리를 들을 수 있는 것이 올바른 가치가 아닌가. 기쁨을 외연할 수 있고, 슬픔은 눈감을 수 있고, 노여움마저 웃어 버릴 수 있는 삶의 용기와 행복한 삶이 중요하다.

약해지지 않기 위해 사랑을 포기하고 만남을 해약해 버리는 무지는 범하지 말아야겠다. 쇠는 든든하되 잘 부러질 수도 있고, 달구어진 쇠를 때리면 때릴수록 단단해지는 것과 부러지는 것도 있다. 단단해지면 단단해진 만큼 사랑해야 하고, 주위에 귀 기울여야겠다. 사랑은 이론이 아니고 거기에는 진실과 고통이 있어야 한다. 호수에 사는 고기가 바다에 사는 큰 고기를 알 수 없듯 체험과 참여를 통해 관심 갖는 것은 중요하다.

나는 다시 어느 계절로 가고 있는 것인가! 이 계절 지하도 걸인이 가엾어 보이면 어린 날과 냉정하게 성장해 버린 지금의 공백을 메우리라. 이 해의 막이 내린다. 내려지는 막을 바라보고 그냥 떠날 수만은 없다. 곧 올려질 막을 위해 힘찬 갈채를 보낸다. 오늘 밤에는 수소 풍선을 손목에 걸고 눈이 머무는 그곳까지 올라가리라.

여름밤의 낙서

이제는 가을인가 싶다. 촉촉이 비가 내려 폭염에 지쳐버린 대지에

은혜를 베풀었다. 그 답답하고 후덥지근하던 공기에 신선함을 공급해 주는 비는 그렇게 하루를 울었다. 아침에 일어나니 가랑비가 내리고 있어서 얼마나 기쁨에 젖었는지 모른다. 처마 밑으로 떨어지는 모여진 빗방울의 커다란 행진이 이토록 반갑고 정겨운 것은 무엇 때문일까? 비와 함께 내겐 아늑함과 평온이 찾아든다. 태양에 지쳐버린 나의 작은 가슴에 그 열기를 식혀 주는 모처럼의 비에 마냥 흡족해서 얼마 동안을 지켜보고 서 있었다. 이 비를 맞으며 멀리 떠나고 싶은데…….

호박덩굴 위로 떨어지는 비는 이미 호박덩굴과 친구가 되었고, 장독대 위에 내리는 비는 이미 장독을 말끔히 목욕시키고 빙그레 웃는다. 이런 가랑비 속을 우산을 쓰고 지나는 담장 너머의 저 사람이 그리도 한심하게 보이던 이유는 또 뭘까? 며칠 전에 책갈피에 꽂아두었던 봉숭아 꽃잎을 꺼내어, 습기가 가셔버린 가녀린 그것을 벽지 위에 이리저리 배열해 보는 멍청한 짓을 하기도 했다. 꽃잎이 담뿍 담긴 백지에 누구에겐가 긴 사연을 띄우고 싶은 충동은 아마도 비와 꽃잎의 순수한 아름다움이 몰고 온 시詩를 좋아하는 소년다운 심정이 아닐까 싶다.

이 늦은 밤에 들려오는 풀벌레 소리, 또로록 또로록 차마 글로써 표현하기에는 너무나 미묘한 음색이 조용한 밤이다. 간간이 멀어지는 빗방울의 소리가 끊임없이 밤을 울린다. 힘없이 돌아가는 녹음기의 테이프에서 울려오는 팝송이 밤을 또 울리고 만다.

가슴 가득 찬 충만감에 잠을 이룰 수 없는 밤이다. 지금 이 밤을 밝히는 외로운 등불이 깜박거린다. 거리의 가로등이 지칠 줄 모르고 빗속에 서서 어둠에 잠긴 일부분을 그렇게 보여 주고 있는 것이다. 참으로 아름다운 밤이다.

 이젠 그만 잠들어야 하는데, 아름다운 밤을 이별하기는 아쉽지만 내일은 또 내일 대로의 기쁨을 가져다 줄 테니까…….

공적 公敵

한 사람도 아니고 여러 사람, 심지어는 국민 전체에서 피해와 불편을 주는 행위라면 당연히 공적公敵으로 삼을 일이다. 그러나 공적은 공적이로되 마땅히 벌을 내리거나 제재를 가할 수 없는 일들이 하나 둘이 아니다. 살아가면서 이런 일을 당할 때 보통 사람들은 그저 속으로만 하염없이 나무라는 정도로 그친다. 그러나 전문가들은 이런 문제에서도 역시 전문가답다.

환경연합의 사무총장은 당연히 환경파괴 행위를 공적 제1호로 규정하는데, 법으로 처벌하기 힘든 행위, 예를 들어 계곡에서 샴푸로 머리 감는 자, 또는 여인네들이 우유로 미용욕을 하는 바람에 일으키는 폐수 오염 행위를 당연히 공적으로 삼고 있다. 그런가 하면 모 작곡가는 버스에서 라디오를 크게 틀어 소음 공해를 일으키는 자를 공적으로 지목하였으며, 미술평론가라는 어느 교수는 주위 환경과의 조화를 고려치 않고 설치한 대형건물 앞의 조각 작품들을 시각공해의 주범으로 규탄한 적이 있다.

누구라고 특별히 내세우지 않아도 좋을 우리말 가꾸기 운동의 한 인사는 외래어 범람을 조장하는 행위, 특히 외래어 우위, 서양 우위의 사고를 은연중 나타낸 언어파괴가 공적 1호라고 생각한다. 호텔은 여관보다 나은 곳이고, 빌라는 연립주택보다 고급이라는 사회적 통념의 만연을 조장한 것에 대한 질타이다. 이런 현상은 날이 갈수록 심하다. 어느 참치요릿집에 가보면 술안주 회 한 접시에 13만원, 특대면 2만원을 추가하면 되는데, 스페셜은 3만원으로 되어있다. 여기에 나타난 자기비하의 모습은 참으로 씁쓸한 것이다. 최근에는 선택 단추가 열두 개나 붙어있는 커피 자판기가 등장했다. 일반 커피는 5백 원, 고급 커피는 최하가 천 원이다. 그런데 그 옆에 특수 커피가 천 원으로 되어있고 그 중에는 '질~럭스'라는 품목이 또 하나 있다. 아무리 보아도 헷갈리기 짝이 없는 일이며, 공연히 서서 농락당하고 있다는 기분을 버릴 수 없다.

나의 이런 투덜거림에 대해 이철훈 수필가는 언어의 상징으로 인한 곤욕과 불쾌감을 말한 적이 있다. 그는 기차를 탈 때면 3등 완행열차에서 1등 특급열차에 이르는 이름이 비둘기호, 통일호, 무궁화호, 새마을호로 명명된 것의 잘못을 지적한 것이다. 각 열차 이름의 상징성이란 평화, 통일, 민족, 새마을운동 즉 유신維新이 아닌가. 그래서 그는 한동안 평화·통일은 민초들이 하는 일이고 지배층의 기득권을 가진 자는 새마을 유신이나 하는 것 아닌가 자위하면서 기차를 탔다는 것이다. 그런데 어느 역에선가 자기가 탄 통일호 열차가 새마을호 열차의 통과를 위하여 10분간 멍하니 기다리는 사례를 당하고 나선 그 이름의 상징성에서 오는 분노를 삭이기 힘들었다는 것이다. 그러면서 그런 이름을 붙인 자를 공적公敵 제1호라고 했다.

그러나 공적에 대한 생각이란 이처럼 꼭 전문가들만이 갖는 유별난 생각만은 아니다. 아주 평범한 월급쟁이였던 내 친구가 공적 제1호로 내세우는 것은 사뭇 색다르다. 그는 토요일 오후나 일요일에 자녀들 결혼하면서 청첩장 보내는 자를 공적이라고 단호하게 규정하고 있다. 일주일에 한 번 맞이하는 모처럼의 휴일을 제대로 쉬어보지 못하게 하는, 봉급생활자의 최고 미움의 대상이며, 주말 교통체증의 주범이라는 것이다.

문화발전의 차원에서 또는 진흥을 위한 입장에서 당연히 말하고 싶은 그 무엇이 있다.

그러나 지금 말하고 싶은 것은 나의 사적인 공적론이 아니라 이 공적公敵들이 제거될 수 있는 방안과 그런 논의를 수렴할 수 있는 장치는 어떻게 가능한가에 대한 생각이다. 소견이지만 그런 것을 잡아내는 것이 넓은 의미의, 그리고 올바른 의미의 정치일 것이다. 그런 뜻에서 정치는 최고의 공적일 수도 있고 복지의 샘#일 수도 있다.

최근 우리 정치판의 돌아가는 모습에 대한 실망스런 목소리를 들으면서 내가 먼저 생각게 되는 것은 정치가 공적 제1호가 되지 말았으면 하는 바람이 크다.

청평으로

빗발치는 해후!

조금만 일찍 보았더라면 가뭄이 풀렸을 옥야의 모습, 선두를 달리는 본 사단의 승차 명령에 옥이와 나는 말없이 가름을 해야만 했다. 이제부터 나는 야전에서, 옥이는 학원에서 뛰어야 한다. 분열하면서 서로의 성장하는 의미를 보여주어야 한다. 옥이의 모습이 가물가물 골안개에 젖고, 나를 위하여 진실을 재연한 휘기의 굳은 악수에 열차는 떠나고, 드디어 생선시장 같은 운명들이 우굴거린다. 그러나 어깨 위엔 다이아몬드가 빛난다. 제1착으로 청평역에서 우리들이 하차했다.

여기에서 나도 그들 모두도, 또 한 번 전설 같은 괴로움을 맛보아야 했다. 나는 1970년도 학훈단 8기생으로 임관하여 우리나라 선임사단인 1사단에 배치된 것이다. 선배 장교들의 환영을 받으며 트럭에 몸을 실었다. 2주간 기본 교육을 받을 12R에 도착하여 연대장님께 전입 신고를 하고 교육 대장님으로부터 간단한 브리핑을 듣고 식사 후 내무반으로 돌아왔다. 이제부터 뛰어야 한다.

발이 닳고, 마음이 찢기도록 말이다. 모두가 누굴 위한 것인가에 대해선 말이 없어도 된다. 초급 장교로서 내가 선 땅에 한 그루의 나무를 심고, 이 나무를 가꾸기에 지知와 정情을 다하여 청청히 키우는 것이다. 가장 알찬 내 육의 피를 간직하기에 노력하고 또 전진하는 것이다. 가장 장했고, 가장 보람된 내 야전군 생활이었다고 기록해야 한다. 옥이에게 들려준 병사의 이야기가 실감이 나고 내가 겪은 야전군 생활이 그로하여금 샛별처럼 빛나게 말이다. 이곳에 들어 온 지 2일째.

오늘 사단장님께 신고가 있었다. 오늘따라 유달리 퍼붓는 빗속에서 내가 왜 이곳에 왔는지를 절감하게 한다. 국가를 위해서 지금부터 나는 무엇을 할 것인가? 크게 느끼게 한다. 이제 르폴적 한계성을 극복하고 반전 문학을 형성한 우리 문학이 6·25동란 스무 돌을 맞아 반성과 전망에 대해서 알아보기로 했다.

6·25동란을 소재로 하는 한국문학 속에서 르폴적 한계성은 대체로 극복되어 있다. 그것은 이 전쟁의 성격이 소탈 화한 이데올로기의 갈등을 내포했으며 외세의 충동에 의한 민족상잔이었으며, 또 한국의 문화적 전통이 평화를 사랑하였고 전쟁을 긍정해 본 일이 없었던 때문이다. 그리하여 6·25를 소재로 한 문학 속에 탄우彈雨와 혈하血河를 헤치는 무용담의 수락은 없으며 인간 반전 문학의 성격이 형성되었음을 밝혀낼 수 있다.

박영준朴榮濬의 『빨치산』은 북한 인민군의 전위인 빨치산 부대장 수일의 행적을 그린 소설이다. 수일은 서울 법대를 중퇴하고 월북하여 강동 정치학교에 입학하여 혁명 사업에 참여하고 공산주의만이 대다수의 인민을 행복하게 할 수 있다고 믿는다. 전쟁 발발과 동시에 빨치산으로 남하한 수일은 용감한 전공을 쌓기에 여념이 없다. 부하인 여자 빨치산 윤 귀향에 대해서도 의식적으로 냉혹하게 대한다.

"부대장 동무! 여자를 혹사함으로서 자기의 결백성을 보이려는 것은 비굴한 행동이 아닌가요?"

윤 귀향의 이 항의와 흐느끼는 울음이 계기가 되어 두 사람은 사랑을 하게 된다. 이데올로기와 사명과 명령에만 기계적인 충성을 다하다가 잔혹으로 굳어진 인간. 그러나 인텔리라는 출신 성분 때문에 감시를 못 면하는 초조, 백 번 잘해도 한 번 잘못하면 영점으로 돌아가는 운명, 하나의 목적을 위하여 부정된 모든 것 중에서 인간의 존엄과 사랑에의 향수를 수일은 결국 자각하고야 만다. 인민군과 패퇴敗退속에서 국군에 의해 생포되는 순간 수일은 자살을 포기하고 손을 들고 만다. 삶의 연장을 위해서가 아니다. 새로운 삶의 창조를 위해서~.

이 소설은 6·25동란의 시원인 북한 체제의 모순을 수일로 하여금 고백케 하면서 전쟁에 대한 부정, 인간 의식의 탈환을 고취한 작품이다. 포로수용소 내에서 분열한 친공親共과 반공反共의 극한적인 적의를 그린 강용준의 『철조망』, 안수길의 『고향 바다』, 김성한의 『귀환』, 강신재의 『포옹』, 이범선의 『쇠를 먹고 사는 사람들』, 이호철의 『만조』, 최인훈의 『광장』, 선우휘의 『싸리골의 신화』, 유현종의 『뜻있을 수 없는 이 돌멩이』 등이 모두 전쟁을 비판하는 지성을 토대로 하여 한국 전선에서 전쟁 의식의 탈환과 민족사적 당위의 옹호를 추구한 작품들이라 볼 수 있을 것이다.

결코 우리 민족은 전쟁을 원하지 않는다. 사막에서 사부뎅이로 살아갈망정 전란을 원하지는 않는다. 그러나 보라! 북괴의 만행을. 이제 북한의 악랄한 행위는 그 밑바닥이 다 드러나 있지 않은가? 이러한 상황 속에서 우리에게 당면한 과제는 무엇인가? 국민의 4대 의무 중에 있는 젊은 청년 장교로서 그 의무를 가장 당차게 수행할 수 있는 방법이 무엇인가? 나는 군인 중에서도 지상의 왕좌인 보병步兵이다.

26년을 살아온 내가 내 조국을 위해서 무엇을 할 것인가 그 책임을 알 때가 온 셈이다. 더구나 금년에 임관한 나로서 사람들은 가장 패기가 있고, 가장 동량재棟梁財가 될 수 있는 신임장교라고 말한다. 이제부터 눈썹이 휘날릴 정도로 뛰는 것이다.

아물지 않은 전흔戰痕
- 6·25동란 20돌이 되는 날, 여기에 한마디 붙인다

북괴가 이 땅을 피로 물들인지 20년의 긴 세월동안 부모 형제들의 생사조차 모른 채 살아가는 안타까운 사람들. 이 날이 되면 남북 이산가족과 자유의 땅으로 넘어온 고향 잃은 사람의 아픔은 더욱 크다. 1950년 6월 25일부터 9월 28일까지 단 90일 동안에 민간인 37만 3천 6백여 명을~. 정치인, 법조인, 학자, 언론인, 문인, 공무원 등 각계 저명인사를 포함한 비전투원들을 강제로 생지옥으로 끌고 갔다. 모두 8만 4천 5백 32명(정부 집계)을 잡아갔다. 이들은 적 치하에서 북괴의 협조를 거부한다고 총칼에 쓰러졌거나 강제 노동에 시달리고 있는 것으로 판단된다

역시 피교육자를 면하니까 생활 양상이 좀 부드러워졌다. 연대장님의 특별 지시로 현리에 있는 군인극장에 갔다. 완전히 사단에서 운영하는 극장은 주로 전쟁영화를 비롯하여 순수한 한국 미풍이 담긴 향토 영화를 상영한다고 한다. 영화 스토리를 중심으로 말하여 본다. 인간의 최종적인 목적은 종족 유지에 있는 것이 속이지 못할 사실이다. 언제인가 대학 강의실에서 모윤숙 교수의 특강 때 이런 말을 들었다. 여자가 결혼을 하여 남의 집에 들어갈 때는 끝내 그 가정의 핏줄(代)을 이어주

러 가는데 그 의미가 있다고 했다. 오늘날 서구 문명이 밀려 들어와 한국 가정에도 많은 변화가 왔지만 아직은 우리나라에서는 부부간에 이혼하는 그 가장 높은 율이 자식을 전하지 못하는데 있는 것 같다.

  자식을 얻지 못한 사람의 비운을 그린 작품도 많다. 우리 생활 주변에서 더욱 많이 볼 수 있다. 그리고 우리들 가정에서는 자녀가 성장하면 본인들보다도 노령에 지친 부모들이 더욱 결혼을 서두른다. 결혼에는 여러 가지 조건이 따르게 마련이다. 학벌에서부터 가정 경제 환경에 이르기까지 조건을 찾아 분석하게 된다. 더구나 남자측보다도 여자측이 더욱 치밀하다. 나도 여러 번 당해본 일이지만 먼 아득한 옛이야기다.

  자신이 없는 것이 아니라 조건이 아득해 있다. 홀로 계신 아버지께선 요즘 무언가 찾고 계시다. 그 기미를 알고 있는 나는 더욱 불안하다. 곧 무엇인가 결과를 보시려고 하지만 현재로서는 아연하다. 앞으로 6개월 후에는 흑과 백의 한 지점에 위치할 생각도 있는 나. 도전하여 오는 별들이 아쉽다. 남자의 세계란 전형적인 숙원이 아니라고 부정하는 여인도 있지만, 그래도 나의 경우는 조건이 많다. 갑돌이와 갑순이의 가슴 아픈 사랑보다는 하루라도 좋으니까 로미오와 줄리엣의 사랑을 배우고 싶다.

  1970년 6월 27일 새벽에 대간첩 수색작전에 나갔다.
  새벽 05시에 비상해서 조식을 하고 장교 중대는 제1대대에 배속되어 나갔다. 매복에 이어 대항군으로 구성된 간첩 일당이 잠입해 있다는 지리 좌표를 이용하여 토끼몰이 작전, 올가미 작전으로 수색해 들어갔다. 하지만 1명의 잔당도 잡지 못했다. 꽤 불명예스러운 결과를 낳았다.

스스로 자수한 1명을 잡았는데, 그가 잠복해 있던 장소를 견학했다. 그놈은 완전히 노출된 산의 하단 공지까지 하산하여 그곳에 개인호를 구축하고 그 위에 세면으로 된 포장을 덮고 또 그 위에 풀과 잔디로서 완전히 위장을 해 버렸다. 숨은 사이다병을 뚫어서 지상으로 연결하여 그 병을 통하여 숨을 쉬었다고 한다. 잠복해 있는 호 위에서 휴식을 취하고 있을 때 호 안에서 통제부와 무선교신까지 했으나 발견되지 않았다고 하였다. 이처럼 저놈들은 하나에서 열까지 철두철미하게 설치하고 경계한다. 여기에 도전할 수 있는 우리의 각오와 신념이 필요하다.

북한은 3대에 걸쳐서 세계 선진국에서 악의 축으로 낙인을 찍어 반성을 촉구하고 있지만, 햇빛정책 이후 주민들은 죽어가도 아랑곳하지 않고 권력 유지와 핵무기 개발에만 몰두하고 있다. 남한에서 북한 백성들의 안타까움을 돕기 위해서 햇빛정책 이후에 얼마나 많은 돈과 물자를 지원했는가! 모 대통령은 노벨 평화상을 받고 이미 세상을 떠났지만, 그 후로도 정주영 사장의 소떼 증정과 여러 대통령의 소견小見으로 평화를 구축하고 언제인가는 통일을 염원하면서 많은 지원을 했지만, 북한 지도자의 양상은 더욱 나빠만 가고 있다.

요즘은 러시아와 우크라이나의 전쟁에 중국과 함께 동조하면서 더욱 날뛰고 있으니, 소위 스위스에서 유학생활을 했다는 머리가 몇 푼어

치나 되는지 알 수가 없다. 심지어는 요즘은 러시아에 병력을 파견하여 우크라이나를 공격하기에까지 이르렀다. 많은 북한 병력이 우크라이나 전장에서 죽어간다는 뉴스를 접할 때마다 마음 아프다. 북한 지도자들이 불쌍하기 그지없다. 백성들은 더이상 장마당도 포기하고, 중국의 감시와 협조로 탈북도 어렵다고 전해지고 있으니 저 북녘땅의 안개는 언제나 맑게 걷힐지 암담하기만 하다.

삶의 질에 대한 답

우리 사회에 팽배한 학벌 위주의 관행은 학교가 전인교육의 장이 아니라 성적이라는 단순한 잣대로 다수의 학생을 문제아요, 인생의 낙오자로 만들었다. 이들은 오로지 성적만이 성공의 척도가 되어 가정과 학교 사회로부터 소외되고 버림받는 존재가 되어 왔다.

잔인한 4월을 보내고, 축제의 5월을 맞는 마음이 가볍지 않다. 어린이날, 석가탄신일, 어버이날과 스승의 날을 보내면서 씁쓸한 마음은 왜일까? 22대 국회의원 선거가 끝났어도 개원을 못하는 모습을 접하면서 얼룩진 우리 마음의 상처는 더하기만 하다. 뉴스에서 국회 소식만 나오면 앞날이 어둡기만 하다. 한국 사회의 낙후성과 미숙함도 있겠지만, 총체적으로 사회의 성숙과 내실화를 위한 각별한 국민적 각오와 노력이 불가피함을 절실히 느끼고 있다. 며칠 앞둔 성년의 날은 우리 사회 전체가 성숙된 사회로 도약하는 날로 기록될 수 있도록 온 국민의 결심이 있어야 하겠다. 정부나 정치권은 물론 사회단체나 모든 시민들이 스스로 자신이 맡은 일을 철저히 책임 있게 수행함으로써 공동체의 유지·발전은 물론 그 과정과 결과가 모든 시민의 삶의 질이 향상되는 쪽으로 나타나기를 기대한다. 정치·경제·사회·문화 등 모든 행위가 삶의 질을 높이고 시민의 인간됨과 품격을 향상시키는 데 있음을 거듭 확인할 필요가 있다. 이런 지극히 당연한 사실을 우리는 너무 오랜 기간 잊고 소홀히 해왔다.

이를 위해,

첫째, 정부는 부민안국의 선진 민주복지국가가 새로운 목표임을 널리 선포하고 모든 공무원들이 이것을 의식화, 생활화할 수 있어야 하겠다. 공직자의 무력화와 복지부동의 주요 원인이 목표나 역할의 혼란에 있기 때문이다. 정부의 통치철학이 중추가 될 때 각 전문 행정기관의 전문성은 살아나고 이들 간의 조화가 가능할 것이다.

둘째, 정치권은 근본적으로 다시 태어나야 한다. 지방자치를 계기로 중앙정치와 지방정치의 역할 분담이 이루어지고 권력정치나 정치인을 위한 정치가 아니라 생활 정치와 시민 생활의 질을 향상시키기 위한 생산적인 정치로 거듭나야 한다. 이것의 핵심 요체는 건전한 생활인과 참신한 전문가로의 정치세력 교체를 통한 정치권의 사회통합과 문제해결의 능력향상이다. 정치인 스스로 교통·환경·안전·공해·도시문제·문화 등 시민생활의 질을 높이는 첨병이 되어야 한다.

셋째, 시민의식의 폭 넓은 개혁이 자발적으로 이루어져야 한다. 참여·책임·의무·권리·전문성을 함께 실천하는 성숙된 시민의식이 각 직장·가정·언론·교육·종교·사회단체 등을 통해 장·단기적으로 폭넓게 이루어져야 한다. 궁극적으로는 시민들이 정치·경제·사회·문화 등 사회의 주체인 만큼 시민 의식의 개혁이야말로 성숙된 사회실현을 위한 시작이며 끝일 수 없다. 그만큼 중요하기 때문에 어렵기도 하다. 교육개혁·시민운동 활성화·언론개혁·종교개혁 등이 모두 시민의식 개혁, 우리 삶의 질 향상에 이바지하여야 한다. 어느 사회나 역사적인 학습이

축척되어 성숙한 사회로 나아갈 때, 그 사회는 발전이 이루어진다. 이제 한국 사회도 더 이상의 비용을 치르지 않고도 충분히 성숙한 사회로 나아가야 할 때가 되었다. 이것이 잘못되어 X세대나 가치 파괴의 홍수로 사회 모두가 침몰하는 일은 없어야 하겠다.

넷째, 정부와 사회, 특히 국회는 성숙한 사회에 걸맞은 행정제도나 사회제도를 도입, 정착시켜야 하겠다. 안전관리체제 구축과 세계로의 도약을 위한 제도의 조화, 세계화와 지방화의 조화, 성장과 복지의 적절한 조화, 기업자율과 환경규제의 조화, 과거 역사와 새로운 미래의 조화 등 다양한 조화를 바탕으로 한 미래로의 도약이 필요하다. 우리 주변에서 설쳐대는 오렌지족, 야맹족 등 중증의 부잣병 환자들의 부모들은 과연 누구일까 생각해 본다. 자식들에게도 축복이 되도록, 우리들의 어중간한 부자들이여, 자녀교육에 힘 좀 써 주시라.

'우리에게 왜 국가가 필요한가.'라는 본질적인 질문에 대한 대답은 '인간답게 살기 위함'이라는 것이다. 세계화와 지방화로 인해 국가관·정부관·지방관·민족관 등 우리들의 인식과 이해관계가 크게 바뀌고 있다. 시민이 앞장서는 의식과 제도의 개혁, 나아가 성숙된 사회의 실현을 통해 세계화와 지방화의 시대에 시민생활의 질이 크게 향상되길 기대한다. 그것만이 왜 국가가, 정치가, 국회의원 선거가 필요한가에 대한 대답이 될 것이다.

10년 후, 나

여긴 이탈리아행 비행기 안, 나는 지금 7일 동안의 여름휴가를 즐기기 위해 이탈리아로 가는 길이다. 미술의 도시 음악의 도시라는 것에 무척 매력을 느꼈기 때문이다. 지금 한창 여행 시즌이기 때문에 내가 없는 동안 우리 회사의 미스 양은 한참 바쁠 것이다. 미스 양은 24살의 귀엽고 깜찍한 아가씨로 인기가 대단하니 남자 직원들이 많이 도와주겠지. 아마 도와줄 것이다.

누가 날 쳐다보는 것 같았다. 시선을 그쪽으로 돌렸다. 나는 5년 전 겨울에 처음 알게 되었던 사진작가 미스 정鄭,

"미스터 편片, 여기서 이렇게 만나니 반갑습니다. 그런데 어딜 가시는 길이십니까?"

"이탈리아 여행가는 길이요. 옛날부터 굉장히 동경했던 곳이거든요. 그런데, 미스 정은?"

"네, 저는 자가용 비행기가 없어서 이 비행기를 탔어요."

"역시 사진작가시라 농담도 잘해서. 누가 그런 거 물어봤나."

"실은 사진 촬영하러 가는 길입니다. '폼페이 최후의 날'이라는 작품을 위해서죠. 미스터 편도 알다시피 폼페이의 시가를 눈 깜짝할 사이에 폐허로 만든 것은 79년 8월 24일 베수비오 화산의 대폭발이었습니다. 하나의 도시가 완전히 지도상에서 사라져 버린 것이죠. 용암과 화산재에 파묻혀 까맣게 잊혀졌던, 이 도시가 발견된 것은 1748년의 일, 그 후 발굴 작업에 의해서 폼페이는 서서히 왕년의 모습을 드러내기 시작했습니다."

미스 정은 멋있는 사람이다. 잘생긴 얼굴은 아니지만, 유머가 있고 매우 호감이 간다. 잠시 후면 공항에 도착한다는 스튜어디스의 말이 있었다. 비행기는 서서히 돌아 활주로에 앉았다. 나는 미스 정의 뒤를 따라 내렸다. 여기는 이탈리아의 공항~! 가슴이 뛴다. 역사, 종교, 유적의 도시, 가는 데마다 조각이 눈에 띄는 미술의 도시. 남의 나라이긴 하지만 내 두 팔 벌려 힘껏 껴안고 싶은 낯설지 않은 땅이다.

우린 인파를 빠져나와 우선 각자의 숙소를 찾아야 했다. 난 어떤 조그만 여관에 들고 미스 정은 예약되어 있는 곳이 있었다. 여관 아줌마는 매우 친절했다. 나는 이들에게 한국에 대해 말해 주었다. 그들은 이야기를 듣고 알았다는 듯이 고개를 끄덕였다.

"아저씨, 이탈리아 말 잘하네." 하고 주인아줌마가 말씀하셨다.

오늘은 7월 16일. 한국 같으면 무척 더울 텐데 여긴 따뜻하다. 다음 날 이른 아침 난 밖으로 나왔다. 이탈리아의 아침 공기를 마시고 거리를 걸었다. 아침 공기는 맑고 깨끗했다.

"역시 아침 공기는 시원해서 좋아. 그렇지 않습니까, 미스터 편?"

갑자기 뒤에서 이런 소리가 들렸다. 미스 정이었다.

"어허? 어떻게 여기까지 오셨죠?"

"솔직히 말해서 오늘 함께 걷고 싶었어요. 오늘 하루 미스터 편을 위해 봉사를 하죠."

이탈리아식으로 식사를 하고 우린 로마의 중심부로 들어갔다. 모두가 조각뿐이다. 분수로 갔다. 거기에는 향수에 목마른 나그네들이 물소리를 듣고 있었다. 정이 나에게 속삭였다.

"이 호수를 사람들은 트레비 호수라고 해요. 어느 소녀가 목마른 로마 병사에게 이 분수가 있는 우물터를 가르쳐 주었다는 전설이 있지요. 사랑의 우물이에요."

당신의 영혼을 적셔주는 사랑의 우물, 그 옛날 수줍은 소녀의 이야기가 나에게로 들려오는 듯 했다. 우린 다시 걸어서 로마의 명물인 경기장 '콜로세움'을 찾았다. 거대한 돌의 아름다움, 어릴 때부터 읽어온 역사의 이야기, 또 영화를 통하여 보아온 이 현장에 서서 부귀영화의 덧없음과 인간의 어리석음이 절실하게 느껴졌다.

관광객들의 소음과 메아리만 칠뿐 이곳에서 죽은 이들을 위해 잠깐 묵념을 한 뒤 밖으로 나왔다. 무너진 성터들과 높은 사원들, 거리마다 벽마다 새겨진 조각들. 돌로 이루어진 로마 시대의 아름다움은 무엇과도 비길 수 없었다. 로마! 로마는 영원히 이곳을 찾는 이들에게 감명을 줄 것이다.

나는 여관에서 짐을 정리했다. 다시 아침이 되었다. 지금 내가 탄 관광버스는 나폴리를 향해서 달리고 있다. 아~ 이제 나폴리가 내 눈 앞에 펼쳐질 것이다. 내가 동경했던 나폴리, 드디어 나폴리 항구에 도착했다. 인류 모두의 고향 나폴리, 내가 그 나폴리에 서 있다는 것을 깨달았을 때 기쁨과 감격으로 내 마음은 뛰었다. 나폴리에서 3일간의 일정을 끝내고 난 또 다른 곳으로 발길을 옮겼다. 난 소렌토로 가는 것이다. 여기에서 얼마 안 되는 곳이다. 가는 길은 훌륭한 산책 장소로서 길가에는 오렌지 나무로 줄을 잇고 중간중간 벤치가 있어 여행자의 피로를 다소 풀어주고 있었다. '돌아오라 소렌토로'의 고향, 차츰 소렌토의 바다가 보이기 시작한다. 소렌토의 바다~! 나는 마음속으로 이탈리아의 민요를 부르고 있었다. 태양 조차 유난히 눈부신 소렌토의 바다, 내 망막 속에 영원히 아로 새겨질 아름답고 조그만 마을이었다. 벌써 닷새가 지났다. 서둘러 로마행 기차를 탔다. 약간 엉터리 같고 호탕하고 여유 있는 이탈리아인에 대한 인상이 남았다.

난 마지막 여행일지 모른다는 생각에 로마에 와서 여기저기의 조각품을 감상했다. 르네상스의 발상지인 꽃의 도시 플로렌스, 그래서인지 피렌체는 도시 전체가 미술관 같다. 미켈란젤로의 조각, 다빈치의 벽화 등, 7일째 되던 날 나는 다시 이탈리아 공항으로 갔다.

"헬로우!" 하는 사람은 바로 미스 정, 이상한 생각이 들었다. 어떻게 이렇게 공교롭게 만날 수가 있을까? 혹시 그가 나에게 마음이 있어 계획적으로 날 기다린 게 아닐까? 그러나 곧 생각을 접었다. 이젠 나이 30이면 올드미스구나~!

"여행은 즐거우셨습니까?"

"하신 일은 잘되셨습니까? 여행은 갈 수 있어 즐겁고, 돌아올 수 있어서 행복한 것이에요. 그렇죠?"

여행은 갈 수 있어서 즐겁고 돌아올 수 있어서 행복한 것. 속에서는 이탈리아의 민요 '돌아오라 소렌토로'가 울려 퍼졌다. 돌아오라 이곳을 잊지 말고 돌아오라 소렌토로 돌아오라~!

특별한 표창장

나는 지금 서울 관악구 신림동에 와 있다. 2024년 2월 9일(금요일), 구정을 보내기 위해서 서울에 온 것이다. 아들과 딸, 세 명이 모두 서울에 있기 때문에 승용차로 부모를 보러 시골로 온다는 것이 너무 힘들고, 기름 한 방울 나오지 않는 나라에서 고속도로가 막히면 두 시간이면 올 수 있는 거리를 다섯 시간 이상을 길 위에서 고생하기 때문에 차라리 우리 부부가 서울로 올라오는 것이 편하기 때문이다. 특히 아들은 목회 활동을 하기 때문에 명절이 주말에 끼면, 교회의 예배가 끝나고 밤에 운전을 해야 하기 때문에 새벽에 집에 올 때가 다반사였다. 이놈들은 세 명이 모두 눈이 나쁘다. 부모는 지금도 안경을 안 쓰고도 10호 활자의 책도 읽을 수 있는데, 이놈들은 현대병에 걸려서 모두가 눈이 나쁘다.

그래도 제 놈들은 부모를 안심시키느라고 괜찮다고 하지만 부모 입장에서는 야간 운전하는 것이 늘 걱정이 된다. 교통수단도 장항선을 이용하면 홍성까지만 올 수 있다. 충청남도에서 인구가 제일 많고 방대한 시가 서산시인데, 아직 열차가 없다는 것도 행정적으로 문제가 많은 것이다.

그래서 4~5년 전부터는 교회의 예배 날짜와 관계없이 우리 부부가 올라가기 시작했다.

    그리고 올해는 딸이 새집으로 보금자리를 옮겼기 때문에 특별히 일찍 올라왔다. 그런데 의외로 딸한테 큰 선물을 받았다. 내가 호적상으로는 1946년생으로 되어 있지만, 사실은 본 나이가 해방둥이로 45년생이다. 그것도 정월 초 열흘에 태어났다. 그래서 올해가 팔순이라고 '잘 키워주어서 고맙다'고 감사장을 주면서 그 감사장 안에는 맛있는 것을 사서 드시라고 돈도 백만 원을 함께 넣어 주었다. 옛날 말에 '아들을 낳으면 기차를 태워주고, 딸을 낳으면 비행기를 태워준다'더니 그 말이 맞는가 보다. 그래서 돈은 여기에 사진으로 옮길 수도 없고, 단 감사장만 여기에 옮겨 적는다.

    사랑합니다

    감사합니다.

    항상 꽃길만 걸으세요.

    사랑하는 아빠!

    당신께서는 한평생 희생하고 헌신하며 든든한 버팀목으로서 가정의 행복에 기여하신 바가 크기에 이 감사장을 드립니다.

    사랑하는 아빠의 크나큰 사랑과 아낌없는 헌신을 되새기며 그동안 고생하신 노고에 보답하고자 앞으로 더욱 더 효도하겠습니다. 감사하고 사랑합니다. 오래오래 건강하시고 행복하세요.

                            - 2024년 02월 10일 사랑해요. '쫌'이 드림

오늘은 특별한 날이라 이곳에 날개를 펴 본다. 이사하던 날 아빠로서 와보지도 못했는데, 딸은 과분하게 생각을 한 것이다. 원래 가난한 집에서 태어난 아빠라 초등학교에서 대학교 때까지 점심을 먹어보지도 못하고 공부를 했기 때문에 딸이 처음 서울에 올라와서 고생을 할 때 아무런 도움을 주지 못했는데, 스스로 딛고 지금은 우뚝 선 굴뚝이 된 자랑스러운 딸이다. 내가 대전에서 살 때에 대학을 대전에서 나왔는데, 사천여 명의 전교생 중에서 제 일착으로 취직을 한 딸이라 더욱 대견하게 생각을 했으나 그 당시에 아무런 도움을 주지 못한 것이다. 지금은 없어졌지만 당시에 '논~노 패션'이라고 그곳에 4학년 2학기가 시작되자 실습성적이 뛰어난 학생이라고 의류학과 담당과장이 직접 추천하여 서울로 올라온 것이다. 원래 의류업계는 보수가 박한 곳이라 초창기에는 본인의 화장품조차도 사서 쓰기가 어려울 정도로 힘든 실정이었다. 그래서 초창기 일,이년 사이에 떠나는 곳이 패션계라고 한다. 그러나 우리 딸은 끝까지 한 우물만 판 끈기가 있어서 지금은 회사의 부사장 직함까지 따낸 장한 딸이다.

중국과 미국의 뉴욕, 그리고 LA에 지사를 두고 있어서 한 번씩 출장을 나가는데 그때는 본사의 감사역으로 가는 것이다. 그런데 딸이 후회하는 것이 한 가지 있다.

그 사장이 어느 날 안면도 '별이 보이는 펜션'에 직원들과 함께 여행을 왔다가 이야기 중에 우연히 아빠의 대학 후배라는 것을 알게 되었다. 그 후로 사장은 거래처마다 가게 되면 대학 선배의 따님이라고 소개를 해주었으며, 그 후로는 저를 대해 주는 태도가 백팔십도로 바뀌더라는 것이다. 그 일이 아니라도 내심 서울로 다시 시험을 봐서 진학을 하고 싶었던 모양이다.

그런데 오빠가 성악전공을 하면서 대학원까지 마치고, 또 신학대학원 3년을 수료하는 입장이 되니까 아예 말도 못했다는 것이다. 나중에라도 서울에서 대학원을 전공해서 닦은 실력으로 대학 강의를 하라고 권했지만, 이미 늦었다고 하면서 지금도 다른 옷은 아예 손을 대지 않고, 오직 청바지에만 손을 대고 있다. 방송 채널을 보면 영어로 'Acp'와 'C2', 그리고 'McSTUART'와 'indigo lap'가 내 딸이 디자인해서 내놓는 상품이다. 홈쇼핑 할 때마다 완판을 하기 때문에 방송국에서도 대환영이다. 그러나 지금도 딸한테 미안한 것이 대학을 졸업하고 서울에 갓 올라와서 아빠가 대학 다닐 때 고학을 하던 그 이상으로 고생을 하면서 직장생활을 할 적에 도움을 주지 못해서 늘 미안한 마음을 가지고 있다.

이놈은 초등학교 4학년 때는 전국 어린이 학력경시대회에서 전국에서 1등을 해서 학교와 부모를 놀라게 한 때도 있었고, 호수돈여자중·고등학교를 다닐 때에도 걸스카우트와 해양소년단에 적극적으로 활동하면서 여름 방학 때는 진해의 해군사관학교에 가서 하게 훈련을 받고 좋은 성적으로 표장장을 들고 오곤 했던 적극적인 딸이다. 지금은 고생이 낙이라고 억대의 연봉을 받으면서 지난날의 고생한 보람을 말끔히 씻고 늘 웃으면서 생활하고 있다.

인생 열차

인생의 열차가 달리고 있다. 자연의 순리가 흐르고 있다. 달리는 열차에 앉아 창밖을 내다본다. 달리는 고속전철에 앉아 창밖을 내다본다. 창밖을 내다보면서 세월을 더듬노라면, 가까운 나무들은 내 머리털이 희여지듯이 획획 형체도 없이 도망가고, 먼 산만 오롯이 풍경으로 잡힌다. 먼 산처럼 우뚝 솟아 남아주었으면 하는 것이 사람이라면 누구나 바라는 소망이다. 그러나 누구는 작게 누구는 크게 누구는 둥글게 누구는 뾰족하게 남게 되겠지만, 내 산山은 어떤 모습일까? 그 산은 언제 나타나며 또 언제까지 유지될 것일까?

해가 바르게 비추는 창가에 기대앉으면, 겨울을 물리친 강둑에 아물아물 아지랑이가 피어오른다. 시간은 레일 위에 미끄러져 한 쌍의 팽팽한 선일 뿐인데, 인생길도 그런 것인가.

더듬으면 달음질치고 돌아서면 잡히는 듯 흔들리는 유리창 안에서 머리 묻고 생각해 본다. 바퀴소리 덜컹덜컹 총알처럼 가슴에 박히는데, 세월은 쏜살같이 내 머리털을 한 가닥도 남기지 않고 흰색으로 물들이고 있는가! 그 속에 내가 있고 너희들이 있다. 아직도 못다 한 우리의 시름이 있는 일상이 가까웠다 멀어지는 세상은 졸린 눈 속으로 얼키설키 감겨온다. 전선 위에 무심히 내려앉은 저걸, 하늘이라고 그러던가!

2024년 02월 12일(월요일) 둘째 아들과, 큰 아들의 고명딸인 손녀가 나의 팔순을 축하한다고 딸의 집으로 찾아왔다. 손녀는 아직 대학생인데, 용돈을 절약해서 준비했다고 목도리를 선물로 준비해 가지고 왔다. 손자는 없고, 손녀는 한 명밖에 없기 때문에 무엇보다 의미가 있었다. 둘째 아들은 케이크와 곶감을 선물로 들고 왔다. 이놈은 목회자이기 때문에 돈의 여유가 없는 놈이다. 큰 아들도 서울의 명문 Y대학의 학부와 대학원 성악과를 졸업하고 본인이 갈 길은 이 길이 아니라고 신학대학원 3년을 마치고 목회자의 길로 활동하고 있다. 나이 서른에 특별히 일찍 목사 안수를 받은 특수한 아들이었다. 둘째 아들도 형의 영향을 받았는지 서울의 명문인 K대학교 생명공학과를 졸업하고 신학대학원 3개년을 졸업하고 목회활동을 하고 있다. 그러나 교회의 특성이 있기 때문에 보수가 극히 적고, 그 보수도 선교 활동을 위해서 적립하는 형편이다.

아들들이 활동하는 교회는 대학연합교회이다. 서울 서초동에 있는 침례교회의 우리나라 최초 부흥목사인 오관석 목사가 정년퇴직을 하자 그분의 아들 내외가 미국에서 귀국하여 그 아들이 아버지 뒤를 이어서 서초동 교회를 맡게 되고, 며느리는 같은 교회에 있을 수 없으므로 대학연합교회를 창설하게 되었다. 제 일호로 세운 학교가 건국대학교 교회이다. 14번째로 세운 곳이 고려대학교이다. 고대는 학교의 특성상 부흥이 되지 않아 우리 큰 아들이 맡게 되었다. 끝내 고대는 부흥이 되지 않아 결국 교회의 문을 닫고 두 번째로 설립한 서울시립대학을 맡아서 현재까지 이끌고 있다. 대학연합교회의 특성은 크게 두 가지가 있다.

 첫째로, 기독교 신자이면서 대학생이라면, 장로교신자이건 침례교 신자이건 누구나 나올 수 있다. 단, 이단교인은 불가하다.
 둘째로, 예배당이 한 평이면, 교회의 식당은 한 평 반 이상을 가지고 운영을 한다. 곧 식당에서 점심이나 저녁식사를 함께 하면서 친목을 도모하는 것이다. 특히 고향을 떠나 유학을 하는 학생들에게 특별히 도움을 주는 것이 특징이다.

 우리 큰 아들은 전 세계에 5천 개의 교회를 짓고 선교를 하기 위해서 꾸준히 노력하고 있다. 현재 태국에 19개의 교회와 고아원 1개를 지어 운영하고 있으며, 독일에 2개의 교회, 미국에 2개의 교회를 짓고 운영하고 있으며 계속 선교 활동을 펴 나가고 있다. 나는 가톨릭 여자고등학교에서 30년을 근무하고 명퇴를 했다. 그래도 가톨릭 신자가 아니라서 근무할 적에 보이지 않는 중에 은근히 압력을 받으면서 근무를 했었다. 우리 반의 부담임은 수녀를 배정해놓고 그 부담임은 필요 이상의 상담을 했다. 특히 가톨릭 신자 학생들이 찾아와서 상담한 내용에 관한 정보를 전해주곤 했다.
 처음에는 그 학생들을 꾸중하고 돌려보내곤 했지만, 결국 나중에 확증을 했다.
 이 학교는 개교 이래 현재까지도 무감독 고사를 보는 것이 특징이다. 아무리 양심 교육을 잘 시켜도 가끔씩 부정행위자가 나온다. 그런데, 신자 학생이 적발되면 눈감아주는 수녀들이 있었다. 그래서 그 수

너들과 그리고 학교장과 다툰 적도 여러 번 있다. 내가 신자가 안 된 가장 큰 원인이 여기에 있었다. 나는 단순한 사람이다. 단순한 사람이다 보니 수녀라면 아주 깨끗하고 순수한 인간들이라 생각했다. 적어도 사람의 기본적 평균은 되리라고 순수하게 보아온 내 가슴이 좁았는지도 모른다.

아무튼 요즘 젊은이들의 생활상이 점점 도덕성을 잃어가는 것 같아 가슴이 아픈데, 그래도 부모는 세상에 머무는 시간이 정해져 있어 아들들을 영구히 품에 지니고 살 수 없는 이상, 미래를 예측할 수 없는 앞날에 두 아들이 하느님을 알고 선善하게 살아갈 수 있는 것만으로도 다행으로 생각한다. 손녀는 하나 밖에 없는데, 연극영화과를 다니고 있다. 할머니는 손녀에게도 목사가 되라고 권고를 했다. 존경을 받으며, 남에게도 은혜를 베풀며 사는 것이 가장 행복한 것이 아니냐고 말에 힘을 주면서 당부했다. 손녀도 싫지는 않다고 했다.

편영의 작가의 수필세계

늦깎이로 홀로서기를 하고자 하는 수필가

홍성암(소설가 • 전 동덕여대 총장)

　수필가 편영의는 《산림문학》 2024년 겨울호 신인상 당선 소감에서 자신의 가정 내력을 간략히 피력한 바가 있다. 너무 가난하여 흥부네 집처럼 누더기를 입고 굶기를 밥 먹듯 하면서 고생했다. 그는 중학교도 못 갈 형편이 되었지만, 부모님의 남다른 교육열로 대학까지 다닐 수 있는 데는 특히 아버지가 수만 그루의 적송赤松 뿌리에 기생하는 복령을 캐서 광천 건재상에 팔아서 그것으로 가계를 꾸려왔다고 하였다. 그런 부모님의 은혜를 고맙게 여겨 열심히 공부하고 성실하게 노력해서 학창시절엔 시, 수필, 소설 등에 남다른 활동을 했고, 대학 졸업 후엔 향리의 여자고등학교에서 29년을 봉직했지만, 수전증으로 문학의 꿈을 접었다가 팔순이 되어서야 문단에 등단하게 되었다고 술회했다. 그의 신인상 작품 「다시 안면도에 돌아오다」는 앞에서 술회한 자신의 체험을 서술한 것이다.

내가 퇴직하고 아버지의 흔적이 숨을 쉬고, 쑥을 뜯던 어머니의 검정 무명치마가 그리워서 고향으로 돌아와 노후대책으로 펜션을 짓고 생활하는 데는 그럴만한 이유가 있다. 곧 본인은 성장기의 가난이 지겨워 안면도 하면 두 번 다시 돌아보기 싫은 곳이었다. 그런데 부산이 고향인 아내가 안면도 바다에 반해서 이곳에 별장을 짓고 말년을 보내자는 말에 발단이 되어 소나무가 많고 휴양림이 근거리에 있는 곳을 택해 지금껏 살아온 것이다. 관광객을 위해 즐거움과 웃음을 주는 것에 행복감을 느낀다. 그리고 안면도의 숲지기가 되어 평생을 마치고 싶다고 말한다.

순박하고 소박하기까지 한 이러한 소망은 천진무구한 어린 시절부터 노년에 이르기까지 안면도의 바다와 소나무 숲을 벗으로 삼고 성장한 그의 태생적인 본질을 영원히 지속하고자 하는 욕망의 표현이라고도 할 수 있겠다. 자연 친화적인 이런 의식은 그의 「회상」에서도 이어진다.

비릿하고 짭짤한 바다 내음에 묻히고 싶다. 오동나무, 벚나무, 밤나무, 개암나무 등이 어우러져 있던 내 고향이 더욱더 날 못 견디게 한다. 평생 교육자로 살아온 그의 모든 과거가 역겹기만 하다. 그래서 바다와 나무가 있는 고향으로 돌아가고 싶다는 「귀거래사」의 일부분이다.

'멍청이 가득한 바보의 푸념'으로 규정한 작가의 자신에 대한 표현은 세상살이에 능숙하지 못한 자신을 감상적으로 표현한 것이라 하겠다. 그는 인생이란 무엇인가에 대한 명제를 깊이 되뇌면서 해답이 쉽지 않은 한계에 방황하면서 살아가고 있는 스스로를 드러내고 있다. 팔순이라면 인생의 종착지에 가깝지만 그는 젊은 시절 그대로 인생의 본질과 맞서며 깨달음을 위한 정진을 지속하고 있는 것이다. 그런 인생의 본질에 대한 사색은 작품 「성숙해지기」에서 보다 구체적인 양상으로 전개된다.

"끊어진 수화기를 들어보신 적이 있는가? 그 억양 없는 신호가 어떻던가? 나는 그 소리를 두려워한다. 친구를 태운 버스가 휑 떠난 정류장에 서 본 일이 있는가? 난 또한 그것도 두려워한다. 퍽 이기주의자이지요. 그러나 언제까지나 이렇게 살 수는 없다. 홀로서기를 해야 한다."

다정다감한 성격의 작가는 늘 이웃과 함께하고 싶고 홀로 있는 것을 두려워했다. 그러나 인생의 냉혹함은 홀로서기를 강요했고 그런 모험에 익숙하지 않은 그를 당황하게 했다. 인생을 모험이고 혼자 감당해야 하는 종류라고 깨달아야 했다. 그렇게 그는 다시 태어나야 한다는 것을 스스로 사색한 것이다. 작품 「살고 싶은 꿈」은 거울 속에 비친 자신의 얼굴을 보며 현재와 과거를 사색해 본 글이라 할 수 있다.

"내가 거울을 보는 것은 늦잠에 잠겨있다가 기상나팔에 놀란 병사처럼 황급히 일어나 물에 빠졌던 개가 털을 털듯이 후다닥 일어나 세면을 해치우고 세 개 조금 더 남은 머리칼이나마 고르느라 잠깐 대할 뿐이다. 따라서 내 모습을 어떤 제2의 내가 냉정히 객관적 위치에 서서 투시해 본 적도 없다. 보나마나 박봉에다 과중한 노동량에 짓눌려 학생 외엔 모두가 두렵다는 협량 밖에 없는 늑대 낯짝 같은 것이 나의 모습이 아닐까 새삼 생각해 본다."

평생 교육자로 살아온 작가는 스스로를 '신다 버린 운동화같이 초라한 꼬락서니가 되었고 밤낮을 모르고 뒤치다꺼리다가 빈 하늘만 쳐다보는 승냥이 꼴'이 되었다고 스스로를 조소한다. 그러면서도 '거울에 비친 야심스런 내 얼굴'보다 '대전에서 서울로 달리던 밤 열차의 검은 유리창에 비치던 내 얼굴'을 더 좋아한다. '겸손하고 고독하고 사랑하고 동심 어린 얼굴'이었기 때문이다. 살고 싶은 꿈을 가득 안고 있었다는 표현으로 유추하건대 문학을 꿈꾸며 미래를 설계하던 대학 시절의 욕망을 표현한 것으로 여겨진다. 그러면서 그가 가르쳐온 제자들에 대한 기대감으로 행복에 잠기기도 한다. 그는 이런 과거들을 글로 씀으로서 살고 싶은 꿈을 실현하고자 한다.

작품 「산으로 간 여인」은 인생에 대한 명상이라기보다 한 여인과의 만남에서 느낀 특별한 감정을 드러낸 글이다. 여인을 만난 배경이 되고 있는 것은 태양, 교정, 돌산의 언덕, 아까시 내음, 납질의 피부를 가진 여인, 보기 역겹도록 가느다란 다리, 뽀얀 안개의 의미 등이다. 누구에게나 젊은 날의 비슷한 추억 한 가지쯤은 지니고 있다. 해마다 5월이 오고 아까시 향기가 풍겨오면 떠오르는 그녀의 미소와 산이 좋아 절을 사랑한 그녀의 포용력, 그런 잊혀지지 않는 그리움으로 살아가는 애틋한 마음이 절절히 느껴지는 작품이다.

이들 일련의 작품들은 작가가 아직 세상에 찌들지 않고 동심에 젖어 있으며 인생의 진면목을 사색하고 참다운 삶을 추구하고자 하는 열망을 드러낸다. 그러나 실제의 현실은 너무나 각박하고 살벌하기까지 해서 그가 적응하기에 쉽지 않다. 그런 괴리감으로 하여 그는 회한과 은둔 또는 자조와 자기비하 등의 감정으로 현실적응에 힘들어하는 듯하다. 그러나 꿋꿋이 버티는 방법밖에 없다는 것을 알고 있기에 그러한 자기 극복의 방법으로 수필을 쓰고 열심히 살고자 노력한다. 그래서 글귀마다 절실하고 안타까움이 묻어나는 것을 느끼게 된다. 문학적 감성이라고 할까? 문학 초심자의 절절함이라고 할까? 그런 본질적 범주에서 사색의 깊이를 지닌다고 하겠다.

필자는 작가와 대학 시절 같은 동급생으로서 문학 공부를 함께했다. 학보사 기자로서 열심히 작품을 썼었고 필자도 소설습작을 써서 그의 평을 들었었다. 당대의 석학인 양주동, 임동권 박사, 그리고 박두진 시인으로부터 고전문학과 민속학, 현대시문학을 배웠다. 그런 오랜 인연이 있어 누구보다도 더 그의 뒤늦은 등단과 수필집 간행을 축하하지 않을 수 없다. 참으로 반가운 일이다.

이제 오래 잠재운 뚜껑을 열고 자신의 문학적 새로운 꿈과 그 업적을 기대해 본다. 이는 곧 동기생으로서 필자의 영광이요, 작가 자신의 새로운 지평이 될 것으로 믿어 의심치 않는다.

편영의 수필을 이해하는 방법

소설적 서술·시적 문체에서 헤르만 헤세를 만나다

이서연(시인·문학평론가)

'편영의표' 수필을 처음 만났을 때

1년 반 전, 겨울이 지난 어느 날, 산림문학회 이메일로 수필부문 신인상에 응모한다며 서너 편의 수필이 들어왔다. 다른 응모자들의 작품은 한 두 번 읽고 심사위원들에게 보일 것인지 아닌지를 생각해 보지만 이 수필들은 다섯 번도 더 읽으며 두 가지를 생각했다. 혹시 소설로 등단하시려는 것을 수필이라고 잘못 기재하신 것이 아닐까 하는 점과 왜 다른 문학지가 아닌 《산림문학》에 응모했는지가 궁금했다. 문장력이 독특하고, 일반적으로 흔히 볼 수 있는 문체가 아니어서 이미 소설로 등단을 했던 분이 아닌가 하는 생각이 들었다. 소설로 등단하는 것이 더 낫지 않을까 싶을 정도로 도입부터 현실성과 거리가 있는 표현이 주는 낯설음과 일반적 수필에서 보기 드문 서술로 풀어가는 존재에 대한 탐색적 접근에 개성이 느껴졌다.

수필은 대부분 하나의 주제에서 하나의 이야기가 끝나는데 응모된 글은 제목은 따로따로 하나씩이건만 편 작가의 이야기는 옴니버스처럼 이어지고 있었다. 게다가 작품에 나타나고 있는 인물이 실제 인물인지 이야기를 설계하기 위한 장치적 인물인지를 구별하기 어렵게 그려져 있어서 고심 끝에 예심에 바로 올리지 않고 작가에게 이메일을 보냈다. 혹시 소설을 쓰셨던 분인지, 지금 수필로 등단을 원하시는 것인지를 물으며 수필 등단을 원하신다면 소설적 서술보다는 본인의 삶을 진솔하게 표현하면서 자신의 철학을 담는 수필적 문체의 서술로 작품을 만들면 좋겠다고 했다. 답을 기대하기 위한 답이 아니라 내 답을 기다릴 사람에게 보내는 메시지였다고 할 수 있다.
　편집주간으로서 여러 장르의 작품을 이해해야 하는 책임감에 다각적으로 공부를 하느라 하지만 혹시 수필의 형식이나 문체를 고정화된 시각에서 보는 편은 아닌지 늘 나를 되돌아 보곤 한다. 그렇더라도 수필이 시나 소설처럼 특별한 기교를 요하지 않는 장르라 하더라도 신인상 응모작 만큼은 체험적 치환의 서술에 조금 더 진솔함이 나타났으면 하는 바람이었다.
　얼마 후, 수정된 작품이 왔다. 그러나 이번에도 소설적 이야기가 갖고 있는 배경묘사에 치중됐던 표현을 줄이고, 경험을 이야기로 풀어내는 방식으로 쉽게 접근하면 공감력을 높일 수 있겠다고 했다. 그러자 며칠 후 또다시 정리한 원고를 보내왔다. 보통은 피드백을 받으면 지적을 받았다는 자체에 기분 나빠서 원고를 보내지 않는다. 자신의 표현 의도가 무엇인지를 주장하며 그걸 알아봐주지 않는 것을 불만스러워

한다. 그런데 편 선생은 아무 말없이, 계속 새로운 글과 수정한 글들을 보내왔다. 결국 작가의 집념도 감동이었지만 자꾸 읽다보니 어느새 이 작가만의 개성있는 문체에 내가 익숙해지고 있음이 느껴졌다. 그렇다, 이 글을 읽는 독자들은 '편영의' 만의 문체와 기법인 '편영의표' 로 빚어진 작품이라는 것을 헤아릴 필요가 있다. 이에 편 작가의 서술과 문체적 특징을 새로운 개성으로 이해할 수 있겠다는 생각이 들어 심사위원들에게 보냈다. 역시 심사위원들도 글 곳곳에 나타나고 있는 개성있는 서술과 문체가 문학적 성취를 이루고 있다는 평을 했다.

신인상 수상자로 결정되었을 때 편 작가에게 연락을 했다. 후속조치를 위해 약력을 받았다. 짐작대로 뒤늦게 글을 쓴 사람이 아니라 어린 시절부터 문학적 소질을 인정받은 바 있고, 고려대에서 국문학을 전공한 문학도였다. 언론에서 글을 썼던 경력도 있었다. 오랫동안 품고 있던 글의 열정이 개성 있는 서술과 독특한 문체로 드러나는 작가라는 것을 확인할 수 있었다. 그래서 이번에는 왜《산림문학》으로 등단할 생각을 하셨냐고 물었다. 홍성암 교수의 권유가 있었지만《산림문학》은 살아온 이야기를, 인공적으로 가미하지 않은 자연 그대로 본질적인 정서로 표현한 것을 받아 줄 문학지로 보였다는 답을 듣고 가슴이 철렁했다. 편영의 작가야말로《산림문학》신인상 만큼은 장치적 등단의 등용문이 아니라 가장 순수한 작가의 정서를 키워 줄 수 있어야 한다는 주간으로서 갖고 있던 나의 주관을 잘 헤아리고 찾아온 작가였기 때문이다.

자신만의 문장력으로 무장된 문학적 향취

수필은 작가가 삶을 발견하는 일에서 시작하여 문학적 방식으로 표현하는 과정을 거치지만 결국은 독자들이 글을 읽으면서 삶의 의미가 무엇인지를 각자 성찰하게 하는 데 그 매력이 있다. 여기에서 중요한 것은 자신을 솔직하게 드러내는 표현을 자기만의 방식으로 어떻게 풀어갈 것인가 하는 표현의 기법이다. 문장력이나 표현법을 배우고 익혀서 발전시키는 경우도 있지만 대부분 타고난 감성과 지속적인 독서와 습작으로 스스로 터득하는 경우가 많다. 이런 기법은 공식을 대입하여 문제를 풀어가는 방식이나 기계적 반복에 의해 연습으로 완성되지 않는다. 반드시 고뇌가 있되 유연함이 있어야 하고, 창조적 감각이 필요하되 유치하지 않아야 한다.

편영의 작가는 신인상을 수상하던 날, 갖고 있는 원고가 많아서 책을 내야 할 것 같으니 첫 작품집에 수록할 작품을 골라 달라고 했다. 사는 일이 바빠서 꿈을 미뤄 오던 세월이라는 주름 사이에 늘어난 것은 품고 있던 원고였던 것 같다. 막상 원고를 받고 보니 두세 권 나올 분량이었다. 역시 원고들은 각각의 독립성을 갖고 있지만 전체적으로 스토리가 연결되어 있었다. 이대로 극본을 써도 「별빛지기 편영의」라는 드라마가 24부작 정도는 나오지 않을까 싶었다. 신인상을 위한 투고용 원고는 많은 사연이 있는 은하수에서 몇 개 고른 별조각이었을 뿐이었다.

제법 많은 분량의 원고를 읽으며 몇 개씩 테마별로 분류하며 이 책을 편집하기 시작했다.

제1부는 신인상 당선작인 「다시 안면도에 오다」를 넣어 바다와 함께 버무려진 인생이야기를 담았다.

제2부는 겨울부터 봄, 가을의 풍경에서 건진 이야기를 모아 〈계절의 서정〉이란 울타리에 담아 보았다.

제3부는 사랑 앞에 바보였고, 그 바보 같은 추억에서 꺼내온 사연을 모아 〈바보의 푸념〉이라고 제목을 붙여 보았다.

제4부는 지나고 나면 세월은 은총이었음을 깨닫게 하는 성장 이야기를 〈추억, 세월의 은총〉이라는 제목으로 모아 담았다.

제5부는 상처를 껴안고 흔들리며 살아온 인생에서 얻은 답을 모아 〈인생열차〉에 하나하나 채워 보았다.

곳곳에 배치된 문학적 향취에서 헤르만 헤세가 보인다

편영의 수필에선 자기 본성과 주어진 상황에 얽힌 필연성에 흔들리는 젊은이로서의 고뇌가 성장통이자 존재의 철학이 숙성되는 과정임이 느껴진다. 그러면서 묘하게 곳곳에 독일의 작가이자 시인인 헤르만 헤세가 보인다는 생각이 들었다.

헤세의 작품 중 『데미안』은 헤세의 작품 중 가장 난해하다는 평가를 받고 있지만 그 내면에는 성장 과정의 고통이 구조적으로 삶의 철학을 성숙시키는 요소라는 아주 기본적인 설계가 탄탄한 작품이라는 것을 부정하지 않는다. 아픔과 괴로움이 특별한 것이 아니라 보편적 인식이라는 것을 이해하는데 퍽 높은 차원을 보여주고 있다.

헤세의 자전적 소설로 알려진 『수레바퀴 아래서』는 문학적인 자질을 타고난 헤세가 규칙과 인습에 얽매인 신학교의 기숙사 생활을 이겨 내지 못했던 심리가 소설에서도 드러나고 있다. 전문적으로는 헤세의 작품이 이원론적인 대립 구도를 설정하고 있다고 하지만 그런 설정들이 독자들에게 몰입감을 갖게 하고 있다.

마찬가지로 편영의 수필의 특징인 소설적인 문체가 독자로 하여금 자연스럽게 몰입할 수 있도록 서사를 강화하는 장치가 되고 있다. 대부분의 작품이 최근보다는 아주 젊었을 때 노트에 적어 둔 글들이다. 따라서 가장 몸과 마음이 가장 뜨겁고 펄펄하던 시대의 풍경과 추억이 그대로 영화를 찍는 셋트장을 이루고 있다. 그 안에서 때로는 아슬아슬한 장면을 묘사함으로써 자신의 경험이나 사유를 마치 영화의 장면처럼 풀어내고 있다. 여기서 흥미로운 것은 그 장면이 결국은 독자에게 강한 인상을 남긴다는 점이다. 편 작가가 글을 쓸 때는 훗날 이 글이 수필의 소재가 될 것이라 생각하고 일부러 쓴 것은 아닐 것이다. 그런데 수십 년이 지난 지금 그 글들이 독자에게 저절로 미소짓게 하고 있다. 그러므로 독자들이 글을 읽을 때는 통속적 이야기처럼 풍경을 묘사한 표현에 머물지 말고 그 묘사를 통해 경험에서 얻은 철학적인 사고를 표현하고 있음을 발견하는 게 중요하다.

「꽃으로 글을 쓴다는 것」에 보면 싯귀처럼 화두를 던지는 부분이 있다.

"꽃으로 글을 쓴다는 것과 음악으로 글을 쓴다는 건 다르다.
꽃으로 글을 쓴다는 건 아름다움을 그리워한다는 것이다."

"음악으로 글을 쓴다는 건 아름다움을 슬퍼한다는 것이다"

그러면서 그는 "그녀가 그리워질 때 나는 꽃밭에서 글을 쓴다."고 하며 그 이유가 "그 꽃밭은 그녀가 내게 가르쳐 준 가장 아름다운 장소다."고 한다. 그리고 그녀를 그리워하는 것이 '위대한 바보'가 되는 것이지만 결국 "모든 시간을 그녀를 위해 잃고 싶다"며 "그런 사랑을 하며 나의 시간을 잃어가고 싶다."는 고백으로 마무리 한다. 여기서 그녀가 그와 어떤 관계였는지가 중요하지 않다.

수필 「그날, 서녘바다」에서는

"불꽃"을 "뿌리도 없이 하늘에 핀 꽃이다."라고 정의하고 "눈부시게 어린 바람의 손을 잡고 구름의 날개를 반짝이다." 하면서 "살아 있는 모두가 분수처럼 솟아 하늘에 꽃가루를 뿌린다. 그때 하늘 가득 꽃밭이 날리는데 떨어지는 건 잠시 머물던 설움뿐이다"라고 하였다. 서술적이지만 분명 불꽃에 대한 시적표현으로도 볼 수 있다. 그런데 그 장황한 표현의 중심 언어는 '잠시 머물던 설움'에 있다. 뿌리도 없이 하늘에 핀 꽃이라고 화려한 수식어를 쓴 이면에는 그 설움이 감춰져 있었던 것이다.

즉, 편 작가의 수필 곳곳에는 이런 포인트가 많이 나온다. 풍경은 아름다움을 위한 배경이나 소재가 아니라 결국 깊은 고뇌에서 얻는 철학적 깨달음을 창의적으로 표현하려는 장치적 역할을 한다. 이런 면에서 편 작가의 문학적 성취가 발견되고 있다.

독자를 즐겁게 사유하게 한다는 것의 미학

편 작가의 글에는 여러 여인의 이름이 등장한다. 수필이 경험을 바탕으로 쓰는 것임을 볼 때 수십 년 전, 작가의 인생에 등장했던 여인들의 이름들은 그 이름이 갖고 있는 캐릭터와 함께 묘한 설렘을 느끼게 한다. 따라서 수필에서 등장인물과 작가와의 관계가 나타나고 있는 소설적 요소는 감정을 보다 다층적으로 표현하는 역할을 담당하고 있다고 하겠다. 인물의 내면이나 사건의 전개를 통해 독자는 작가의 감정에 몰입하게 되다보니 일반적으로 그 이야기가 담고 있는 주제를 글 마지막에 밝히는 구조를 갖지 않아도 이미 독자는 작가의 의도를 이해할 수 있다.

편 작가는 수필에 소설적 문체를 빌려 쓰면 독자의 상상력을 자연스럽게 유도할 수 있다는 것을 일찍 깨달았던 것 같다. 만약 처음부터 그런 의도로 갖고 글을 쓴 것이 아니었다 하더라도 이미 소설적인 구성이 곁들여진 글은 작가의 철학성과 사회적 주제를 자신만의 서사로 풀어내어 독자가 함께 사유하게 만들 수 있다. 여기서 작가의 독창적인 스타일이 창출되기 때문에 결국, 수필을 소설적인 문체로 접근하는 것은 단순한 사실 전달을 넘어, 문학적 깊이와 작품의 예술성을 높이는 기회가 된다. 이는 독자와의 적극적인 소통을 가능하게 하며, 문학적 성취를 더욱 풍부하게 만든다.

이런 부분들이 편 작가가 획득하고 있는 문학적 성취이자 개성적 문체가 보여 주는 미학이다.

편영의 수필집
나는 안면도 별빛지기

인쇄일 | 2025년 8월 22일
발행일 | 2025년 8월 30일

지은이 | 편영의(010-6287-5857)

발행인 | 김선길
펴낸곳 | 사단법인 한국산림문학회 출판부 글나의숲
출판등록 | 2021년 7월 14일(제2021-000039호)
주소 | 서울시 동대문구 회기로 57 국립산림과학원 내
전화 | 02-3293-2004
FAX | 02-3293-2071
메일 | kofola@hanmail.net
디자인 | 지오커뮤니케이션

ⓒ 사단법인 한국산림문학회, 2025
ISBN : 979-11-988222-3-9 (03810)
값 18,000원

❖ 잘못된 책은 바꾸어 드립니다.